음악과 저작권

음악과 저작권

2017년 3월 15일 초판 1쇄 인쇄
2017년 3월 20일 초판 1쇄 발행

지은이 하병현, 윤용근
발행인 손건
편집기획 김상배, 홍미경
마케팅 이언영
디자인 김선옥
제작 최승용
인쇄 선경프린테크

발행처 LanCom 랭컴
주소 서울시 영등포구 영신로 38길 17
등록번호 제 312-2006-00060호
전화 02) 2634-0178 02) 2636-0895
팩스 02) 2636-0896
홈페이지 www.lancom.co.kr

ISBN 979-11-88112-01-2   03300

저작권 시리즈 2

하병현 · 윤용근 지음

음악과 저작권

북스데이
BOOK'S DAY

머리말

Music is My life!라는 어느 대중가요의 제목처럼 음악은 우리 삶에서 상당히 큰 비중을 차지하고 있다. 어디를 가든 음악은 우리와 함께 한다. 백화점에 가도, 대형마트에 가도, 커피 전문점에 가도, 심지어 분식점에 가도 늘 음악이 흘러나온다. 물론 음악은 예전에도 또 그 이전에도 존재했고 앞으로도 인류가 생존하는 한 계속해서 우리와 함께 할 것이다.

지금은 우리가 어떤 장소, 어떤 상황에 있든 음악을 쉽게 접할 수 있다는 것이 예전과는 많이 달라진 모습이다. 스마트폰의 폭발적인 보급이 그 모든 것을 바꿔 놓았다. '통화연결음'만 해도 그렇다. 그것은 우리의 욕망의 산물이자 아이디어의 승리라고 할 수 있다. 통화가 연결되는 그 짧은 순간에도 우리는 음악과 함께 하고자 했고, 그런 우리의 욕망을 현실화시킨 것이 바로 '통화연결음'이다. 그리고 그것은 그야말로 초대박 히트상품이 되었다. 이처럼 음악은 '기술 발전'을 매개로 해서 대중들의 욕망을 좀 더 다양하고 디테일(detail)하게 충족시켜 주고 있다.

이는 비단 음악뿐만 아니라 영화·애니메이션 등 우리가 여가 생활을 즐기는 그 모든 것에서 똑같이 일어나고 있는 현상이다.

이처럼 기술 발전은 음악 시장의 패러다임을 완전히 바꾸어 놓았지만, 정작 저작권법은 그 변화를 제대로 따라가지 못하고 있었다. 그러다 보니 법 규정의 해석을 놓고 음악 관련자들 사이의 분쟁이 끊이질 않았다. 최근까지도 판매용 음반의 개념을 놓고 이를 어떻게 해석할 것인지가 음악 관련 종사자들 사이에서 가장 큰 이슈였다. 그러자 그후 국회는 이러한 소모적 논쟁을 없애기 위해 판매용 음반을 '상업용 음반'으로 바꾸는 등 음악 관련 여러 저작권법 규정을 개정하였다. 물론 개정 저작권법이 모든 현실적인 상황을 다 반영하고 있다고는 할 수 없지만, 상당 부분 분쟁의 씨앗을 제거하는 데에는 큰 역할을 한 것으로 평가된다.

필자는 이 책에서 음악 관련 여러 이슈들을 최대한 쉽고 압축적으로 담아보려고 노력했다. 이러한 필자의 마음이 음악 관련자 등 이 책을 읽는 모든 독자들에게 고스란히 전해질 수 있기를 바래 본다.

그리고 필자는 전작 〈캐릭터와 저작권〉에 이어 이 두 번째 책을 출간하면서, 앞으로도 영화·드라마 등 극적저작물, 미술저작물 등 다양한 분야별 책을 계속 출간할 예정이다. 독자 여러분의 많은 관심을 부탁드리며, 끝으로 이 책이 나오기까지 도움을 주신 모든 분들과 특히 바쁜 변호사 업무에도 불구하고 이 책을 위해 판례와 자료 검색에 도움을 준 이선행·정상경 변호사에게 깊은 감사의 마음을 전한다.

2017. 1.
여의도 사무실에서 또 한해를 맞이하며

목차

사건별 목차

PART

01

핵심만 요약한
저작권법
사용설명서

개요

이 책에서 다루고자 하는 음악에 관한 저작권 이슈를 본격적으로 살펴보기에 앞서, 먼저 저작권에 관한 전반적인 내용을 알아보고자 한다. 저작권 침해 사건에서는 보통 저작권 침해를 주장하는 사람은 "네 것이 내 것과 똑같거나 비슷하다"라고 주장하고, 상대방은 그 반대로 "내 것은 네 것과 똑같지도 비슷하지도 않다"라고 반박한다.

물론 그런 경우에 어느 한쪽이 틀렸다고 딱 잘라 단정하기 어렵고, 각자의 주장에 나름대로의 논리가 있다 해도 실제 저작권 소송에서는 이렇게 단순한 반박 논리만으로 자신의 주장을 관철시킬 수 없기 때문에 자신의 주장을 뒷받침하는 뚜렷한 근거를 제시할 필요가 있다. 그래서 저작권에 관한 전체적인 개요를 먼저 알 필요가 있는 것이다.

예를 들어보자. 갑은 을이 만든 B 콘텐츠가 자신이 창작한 A 콘텐츠와 똑같거나 비슷하다고 하면서 저작권 침해를 주장하고 있다. 이 경우 을은 뭐라고 반박하면 될까?

보통은 앞에서 본 것처럼 "B는 A와 똑같지도 않고 비슷하지도 않다!"라고 주장하게 것이다. 그런데 누가 봐도 B가 A와 똑같거나 실질적으로 비슷하다면 어떻게 해야 할까? 그냥 저작권을 침해했다는 사실을 인정해야 할까? 을의 입장에서는 절대로 인정할 수 없는 상황이라도 입 꾹 다물고 그저 갑이 청구하는 손해배상금액이 많다는 것만 다투어야 할까? 결론부터 말하면 절대로 그렇지 않다!

갑의 저작권을 침해당했다고 주장하기 위해서는, ① 갑이 창작한 A가 저작권법상 보호받을 수 있는 저작물이어야 하고, ② 그 저작권자가 갑이어야 하며, ③ 을이 정당한 권원(행위를 정당화하는 법률적 원인) 없이 A를 보고 A와 똑같거나 실질적으로 비슷한 B를 만들었어야만 한다.

이 세 가지 모두를 충족해야만 비로소 '을은 갑의 저작권을 침해했다'고 할 수 있는 것이다.
그렇다면 이렇게 B가 A와 똑같거나 실질적으로 비슷한 경우에 을은 어떻게 반박할 수 있을까? 을은 크게 세 가지를 주장할 수 있다.

첫째, 갑이 창작했다는 A는 저작물이 아니다.
둘째, A가 저작물이라 하더라도 갑은 저작권자가 아니다.
셋째, A를 보고(의거해서) B를 만든 것이 아니다.

을이 이 세 가지 가운데 어느 하나라도 입증할 수 있으면 을은 갑의 저작권을 침해하지 않은 것이 된다. 따라서 이 세 가지는 저작권 침해 사건에서 방어자가 항상 마음속에 새겨 두고 있어야 하는 가장 기본적인 반박 논리라고 할 수 있다.

2

저작물

저작물은 '인간의 사상이나 감정을 표현한 창작물'이다.

저작권 침해 사건에서 당사자들이 가장 치열하게 다투는 것이 바로 저작물성에 관한 것이다. 앞에서 예를 든 것처럼 A가 저작물이 아니라면 갑은 A에 대해 저작권을 가지지 못하고, 그렇게 되면 갑은 저작권자가 아니므로 을을 포함한 그 누구에게도 저작권 침해를 주장할 수 없게 된다. 따라서 을은 갑이 만든 A가 저작물이 아니라는 것을 주장하고 입증할 필요가 있다.

저작물은 '인간의 사상이나 감정을 표현한 창작물'이라고 정의된다(저작권법 제2조 제1호). 따라서 저작물이 되기 위해서는 ① 인간이 만들어야 하고 ② 표현되어야 하며 ③ 창작성이 있어야 한다. 저작물이 되기 위해서는 이 세 가지 요건 모두를 충족해야 하기 때문에 이들 요건 가운데 어느 하나라도 흠결이 생기면 저작물이 아니게 된다.

그렇다면 A의 저작물성 여부와 관련된 B의 반박 논리는
정해져 있는 셈이다. 첫째는 A는 인간이 만든 것이 아니라
고 주장하는 것이고, 둘째는 A는 표현된 것이 아닌 아이디
어에 불과할 뿐이라고 주장하는 것이며, 셋째는 A는 창작
성이 없다고 주장하는 것이다.

❶ 저작물은 **인간**이 만든 것이어야 한다.

저작물은 인간이 만든 것이어야만 한다. 외국에서는 원숭
이가 촬영한 셀카 사진이 저작물에 해당하는지 여부가 문
제된 경우가 있었지만, 이와 관련하여 크게 이슈가 된 경
우는 현재까지 거의 없다. 참고로 그 사건에서 법원은 원
숭이 셀카 사진은 인간이 아닌 원숭이가 찍은 것이기 때문
에 저작물이 아니라는 판결을 내렸다.

물론 앞으로는 알파고와 같은 인공지능(AI)이 그린 그림이
나 문학작품 등이 저작물에 해당하는지 여부가 문제될 가
능성도 있다. 그러나 이러한 것들은 아직 현실적으로 크게
문제되는 경우가 없고, 추후 저작권법의 개정 등 보다 심
도 있는 논의가 필요한 영역이기 때문에 이 책에서는 이에
관한 추가적인 논의는 생략하기로 한다.

저작물이 되기 위해서는 표현되어 있어야 한다. 저작권법은 표현된 것만을 그 보호 대상으로 삼고 있기 때문에 표현되지 않은 아이디어는 저작권법상 보호 대상이 아니다. 이를 '아이디어와 표현의 이분론'이라고 하는데 요약하면 '아이디어는 그것이 아무리 독창성이 있어도 저작권법상으로는 보호받지 못한다'는 이론이다. 그래서 다른 사람의 아이디어를 무단으로 빌려 쓰더라도 표현을 베끼는 것이 아니기 때문에 도덕적으로는 문제가 될지언정 저작권 침해에는 해당하지 않게 된다.

예를 들어, 갑이 창작한 캐릭터 A와 을이 만든 캐릭터 B는 모두 머리가 크고 몸이 작은 형상을 하고 있지만 구체적인 디자인은 전혀 다르다고 하자. 이런 경우에 갑이 을에게 저작권 침해를 주장한다면 그 주장의 내용은 A와 B 모두 '머리가 크고 몸이 작다'는 점이 같다는 것이다.

그런데 캐릭터의 머리가 크고 몸이 작다는 것은 구체적인 표현을 의미하는 것이 아니다. 머리가 크고 몸이 작다고 했을 때, 그것은 단지 머리 비율과 몸의 비율이 정상적인 인간이나 동물의 형상과 다를 뿐 표현하는 사람에 따라 얼마든지 달라질 수 있는 것이어서, 이를 그림으로 표현할 수 있는 방법은 무한대라고 할 수 있기 때문이다.

이처럼 표현되지 않은 관념 등을 아이디어라고 하고, 이러한 아이디어는 그것이 기술적 사상 등으로 특허법상 보호되는 것은 별론으로 하고, 저작권법상으로는 어떠한 경우에도 보호받지 못한다.

3 저작물은 **창작성**이 있어야 한다.

저작물이 되기 위해서는 그것이 창작성 있는 창작물이어야 한다. 창작물은 '저작자 자신의 작품으로서 남의 것을 베낀 것이 아니면 되고, 그 수준이 높아야 할 필요도 없다. 다만, 저작권법에 의한 보호를 받을 가치가 있는 정도로 최소한도의 창작성은 있어야 한다.[1]

그래서 A와 B가 그 표현에 있어서 동일성 또는 실질적 유사성이 있는 경우라면, 을은 A가 창작물이 아니라고 주장하는 것 말고는 별다른 방법이 없다. 이런 경우에 을은 어떤 주장을 할 수 있을까? 크게 네 가지를 주장할 수 있다.
첫째, 그것은 누구라도 그렇게 밖에는 표현할 수 없다.
둘째, 종래부터 이미 존재하던 표현이다.
셋째, 통상적인 표현이다.
넷째, 문구가 짧고 의미가 단순해서 사상이나 감정의 표현이라고 할 수 없다.

---

[1] 대법원 1997. 11. 25. 선고 97도2227 판결 참조

(1) 누구나 그렇게 표현할 수밖에 없는 것은 창작물이 아니다.

먼저 저작물을 표현할 수 있는 방법이 제한적이어서 누가 하더라도 그렇게 표현할 수밖에 없는 경우라면 그러한 것은 창작물이라고 할 수 없다. 이를 '아이디어와 표현의 합체'라고 한다.

만일 이러한 것을 창작물로 인정해서 그것을 맨 처음 표현한 사람에게 저작권을 부여한다면, 그 후 그것을 그렇게 표현할 수밖에 없는 다른 사람들은 항상 맨 처음 표현한 사람의 저작권을 침해할 수밖에 없게 된다. 또한 맨 처음 표현했다고 주장하는 사람 이전에도 다른 누군가가 그것을 똑같이 또는 거의 비슷하게 표현했을 가능성이 상당히 높기 때문에 결국 그것은 누구의 창작물인지 정확하게 가릴 수 없는 경우가 되어버린다. 따라서 이러한 저작물의 경우에는 그것과 똑같거나 거의 비슷하게 표현했더라도 타인의 창작물을 베낀 것이라고 볼 수는 없기 때문에 저작권 침해라고 하지 않는다.

예를 들어, 갑이 디자인한 야구 방망이 A와 을이 디자인한 야구 방망이 B가 서로 똑같거나 거의 비슷하다고 하자. 이런 경우에 만일 갑이 A와 B가 서로 똑같거나 거의 비슷하다는 이유를 들어 저작권 침해라고 주장한다면, 이 경우 을은 뭐라고 해야 할까?

이처럼 외관상으로 볼 때 A와 B가 똑같거나 실질적으로 비슷한 경우에는, 단순히 똑같지 않다거나 실질적으로 비슷하지 않다고 주장하는 것은 아무 소용이 없으니 다른 반박 논리를 찾아야만 한다. 그럴 때 필요한 것이 바로 아이디어와 표현의 합체! A는 이렇게 주장할 수 있다.

"누가 그리더라도 야구 방망이는 그렇게 그릴 수밖에 없다. 그런데 갑이 먼저 야구 방망이를 그렸다고 해서 그것이 창작성이 있는 저작물이 된다면, 그 이후에 야구 방망이를 그리는 사람들은 모두 갑의 저작권을 침해하게 된다는 것인데, 이건 말이 안 된다. 그리고 갑이 그린 야구 방망이와 똑같거나 거의 비슷한 야구방망이 그림은 갑이 A를 그리기 이전에도 많이 있었다."

창작물은 거기에 저작자의 개성과 독창성이 녹아 있어야 한다. 그런데 누가 하더라도 그렇게 표현할 수밖에 없는 경우라면 거기에 그 저작자만의 개성과 독창성이 녹아 있다고 할 수는 없을 것이다. 따라서 이러한 경우는 저작물이 될 수가 없는데, 그 이유는 물론 창작성이 없기 때문이다.

(2) 종래부터 이미 존재한 표현은 창작물이 아니다.

저작권 침해라고 주장되는 부분과 똑같거나 거의 비슷한 표현이 종래부터 이미 존재하고 있는 경우라면, 그것은 저작권 침해를 주장하는 사람의 창작물이라고 할 수 없다. 때문에 이런 경우 누군가 그 표현과 같거나 비슷한 것을 만들었더라도 이를 저작권 침해라고 할 수는 없다. 물론 그 종래 표현의 저작권자가 저작권 침해를 주장한다면 다른 특별한 방어 논리가 없는 한 저작권 침해가 되는 것은 어쩔 수가 없다. 그러나 분명한 건 저작권 침해를 주장하는 사람의 그것이 예전부터 이미 존재하고 있던 표현이라면 그것은 그 사람의 저작물이라고 할 수 없기 때문에 저작권 침해 문제는 발생하지 않게 된다는 것이다.

예를 들어, 갑이 독수리 모양의 풍선 A를 만들었는데, 을이 A와 똑같이 생긴 독수리 모양의 풍선 B를 만들었다고 하자. 이 경우 갑이 저작권 침해를 주장한다면 을은 뭐라고 반박해야 할까?

"독수리 모양의 풍선은 누가 만들어도 그렇게 만들 수밖에 없다!"라고 주장할 수 있을 것이다. 그러나 아무리 독수리 모양을 단순화한 풍선이라고 해도 완전히 똑같은 모양으로 만들었다면 아무래도 설득력이 부족하다. 그렇다면 어떻게 해야 할까?

이런 경우에 가장 좋은 방법은 갑이 만든 독수리 풍선과 똑같거나 거의 비슷한 기존의 독수리 풍선을 찾아내서 갑도 종래부터 존재한 독수리 풍선을 보고 베꼈다고 주장하는 것이다. 만약 을이 똑같은 모양을 가진 기존의 독수리 풍선을 찾아낸다면 갑은 저작권 침해를 주장할 수 없게 된다. 하지만 그런 풍선을 찾지 못한다면 을은 결국 저작권 침해를 피하기 어렵게 될 것이다.

이처럼 저작권 소송에서 저작물성에 관한 주장과 입증은 재판의 승패를 판가름하는 매우 중요한 역할을 한다. 따라서 방어를 하는 사람의 입장에서는 먼저 자신이 어떤 식으로 주장하고 반박해야 하는지 알아야 하고, 자신의 반박을 뒷받침할 수 있는 증거를 찾기 위해 많은 시간과 노력을 들이는 것이 무엇보다 중요하다.

(3) 통상적인 표현은 창작물이 아니다.

저작권이 침해되었다고 주장되는 부분이 통상적인 표현에 불과하다면 그것이 아무리 똑같거나 비슷하더라도 이를 두고 저작권 침해라고 할 수는 없다. 일상생활에서 흔히 쓰이는 표현을 창작물로 볼 수는 없기 때문이다.

예를 들어, 갑이 저작한 희곡 A에 '팩트(fact) 체크하세요!' 라는 대사가 나오는데, 을이 저술한 소설에도 위와 같은 문구가 나온다고 하자. '팩트 체크하세요!' 라는 말은 '어떤 말이나 문구 등이 사실과 일치하는지 여부를 확인하라' 는 의미로 일상생활에서 흔히 쓰이는 표현이다.

따라서 이러한 통상적인 표현을 갑이 자신의 어문저작물(언어나 문자, 말로 표현된 저작물)에 먼저 사용했다고 해서 거기에 저작권이 부여된다면, 그 이후에 그 말을 사용하려고 하는 사람들은 항상 갑의 허락을 받아야 하는 불합리한 상황이 발생하게 된다.

다만, '팩트 체크하세요!' 라는 표현이 통상적인 표현에 해당하는지 여부에 관해서는 다른 작품 등에서 그와 똑같거나 비슷한 표현을 찾아 이를 증거로 제출할 필요가 있다. 그러나 이러한 통상적인 표현은 누구나 흔하게 사용하는 말이기 때문에 갑이 희곡 A에 사용하기 이전에 이미 발표된 다른 작품들 속에서 그러한 표현은 쉽게 발견할 수 있을 것이다.

그렇다면 결국 '팩트 체크하세요!' 라는 표현은 갑이 창작한 것이 아니게 되고, 그러면 당연히 그것은 갑의 저작물이 아닌 것이고, 따라서 갑은 그 말에 관해 저작권을 가지지 못하게 되므로, 결과적으로 을은 갑의 저작권을 침해하지 않게 되는 것이다.

(4) 문구가 짧고 의미도 단순한 제목 등은 창작물이 아니다.

문구가 짧고 의미도 단순한 것은 거기에 어떤 보호할 만한 독창성이 있다고 할 수 없으므로 창작물로 보기 어렵다. 특히 제목의 경우, 법원은 일관되게 "제목 자체는 저작물의 표지에 불과하고 독립된 사상이나 감정의 창작적 표현이라고 보기 어렵다"는 이유로 그것의 창작물성을 부정하고 있다.[2]

2ne1의 〈내가 제일 잘나가〉와 삼양식품의 〈내가 제일 잘나가사끼 짬뽕〉 사건에서도 법원은 "대중가요의 제목인 〈내가 제일 잘 나가〉는 '내가 인기를 많이 얻거나 사회적으로 성공하였다' 는 단순한 내용을 표현한 것으로써, 그 문구가 짧고 의미도 단순하여 창작성이 없고, 비록 노래에 '내가 제일 잘나가' 라는 가사가 반복해서 나온다고 해도 그것만으로 저작물로 보호되는 것은 아니다"라고 판시함으로써, 대중가요 제목의 저작물성을 부정했다.[3]

---

2) 대법원 1977. 7. 12. 선고 77다90 판결
3) 서울중앙지방법원 2012. 7. 23.자 2012카합996 결정

｜3｜
저작권

1 저작권의 발생 시기

누군가의 작품이 저작권법상 저작물에 해당한다면, 그 저작물에 관한 저작권은 그것을 만든 사람이 가지게 된다. 그리고 이러한 저작권은 그 발생 시기와 관련하여 다른 지적재산권인 특허권, 상표권, 디자인권과는 확연한 차이가 있다. 특허권 등은 그것이 등록될 때 권리가 발생하는 반면, 저작권은 그 등록 여부와는 상관없이 해당 저작물이 창작될 때 발생한다.

물론 저작권법에도 저작권 등록에 관한 규정을 두고는 있다. 그러나 이러한 저작권 등록은 그 등록으로 저작권을 발생시키는 효력이 있는 것이 아니라, 저작권 발생에 관한 확인적인 의미만을 가질 뿐이다. 그렇다고 해서 저작권 등록이 아무 의미가 없는 것은 아니다. 저작권법은 저작권 등록자에게 해당 저작물의 저작자로 추정하는 효력을 부여하고 있고, 저작권 침해에 따른 손해배상청구를 할 때는 법정손해배상을 청구할 수 있는 근거를 마련해 주는 역할을 하기도 한다.

2 저작권의 종류와 침해 주장 시 유의점

저작권은 크게 저작재산권과 저작인격권으로 구성되어 있다. 그리고 저작재산권에는 '복제권, 공연권, 공중송신권, 배포권, 전시권, 대여권, 2차적저작물작성권'이 있고, 저작인격권에는 '공표권, 성명표시권, 동일성유지권'이 있다. 이처럼 저작권은 총 10가지의 권리로 구성된 권리의 다발인 셈이다.

저작권은 학문적인 개념이기 때문에 소송 등에서 저작권 침해를 주장할 때에는 저작재산권 가운데 어떤 권리가 침해되었고, 저작인격권 가운데 어떤 권리가 침해되었는지를 명확하게 특정해야 한다. 즉, "……를 무단으로 사용함으로써, ……의 저작권을 침해하였습니다"라고 주장하는 것은 적절하지 않고, "……를 무단으로 사용함으로써, 저작재산권 가운데 ○○권, ○○권을, 저작인격권 가운데 ○○권, ○○권을 각각 침해하였습니다"라고 주장해야 한다.

특히 저작권 침해에 따른 손해배상청구 소송에서는 각 권리별로 그 침해에 따른 손해배상액을 청구하는 것이 원칙이기 때문에 더더욱 침해된 권리를 특정하는 것이 중요하다. 만약 이러한 손해배상청구 소송에서 단순히 저작권 침해만을 주장하게 되면 대개는 법원으로부터 침해된 권리의 특정을 요구받게 된다.

일반인들의 경우에는 대부분 저작권법에 대해 잘 모르기 때문에 저작재산권 침해에 따른 손해배상만을 청구하는 경우가 많다. 그러나 저작재산권 침해 문제가 발생했다면 대개는 저작인격권도 침해되었을 가능성이 높기 때문에 그에 따른 손해배상 청구도 함께 하는 것을 잊지 않도록 해야 한다.

3 저작재산권의 양도

저작재산권과 저작인격권 가운데 양도가 가능한 것은 재산권에 해당하는 저작재산권에 한한다. 저작인격권은 말 그대로 인격권이기 때문에 이를 제3자에게 양도할 수 없다. 이런 이유에서 저작권법에서도 저작권의 양도가 아닌 저작재산권의 양도라고 규정하고 있다.

그래서 저작물을 창작한 사람 즉, 저작자는 생존하고 있는 동안에는 언제나 저작권자가 된다. 저작권은 저작물의 창작과 동시에 발생하므로 저작자는 저작물을 창작할 때 그 저작물에 관한 저작재산권과 저작인격권 모두를 가지게 된다. 저작자가 그 저작권을 제3자에게 양도하더라도 양도

31

가 되는 것은 저작재산권에 국한되기 때문에 저작인격권은 여전히 저작자에게 남아 있게 되고, 저작인격권은 저작권의 한 종류이기 때문에 저작자는 언제나 저작권자가 되는 것이다. 심지어 저작자가 저작인격권을 제3자에게 양도한다는 의사표시를 하더라도 이러한 약정은 무효가 된다.

저작재산권 양도와 관련하여 또 하나 주의할 것이 있다. 저작권법은 저작재산권 전부를 양도하더라도 그 가운데 2차적저작물작성권을 양도한다는 것을 당사자가 특별히 약정하지 않으면 2차적저작물작성권은 양도되지 않는 것으로 추정된다(저작권법 제45조 제2항).

따라서 저작재산권을 양도 받는 입장에서는 2차적저작물작성권도 함께 양수한다는 점을 콕 찍어서 서면에 남겨둘 필요가 있다. 즉, 서면에 '양도인은 위 저작물에 대한 저작재산권 전부를 양수인에게 양도한다' 라고만 기재하거나 특별한 언급 없이 구두로 저작재산권을 양도하는 경우에는 2차적저작물작성권은 양도되지 않은 것으로 추정되기 때문에, '양도인은 위 저작물에 대한 저작재산권 전부와 2차적저작물작성권 모두를 양수인에게 양도한다' 라고 명확하게 써두어야만 2차적저작물작성권을 포함한 저작재산권 전부를 양수받게 되는 것이다.

반대로 저작재산권 양도인의 입장에서는 구체적인 언급 없이 저작재산권을 양도했거나 서면 상에 '양도인은 위 저작물에 대한 저작재산권 전부를 양수인에게 양도한다' 라고만 기재했다면 저작재산권 가운데 2차적저작물작성권은 자신에게 여전히 남아 있는 것으로 추정 받게 된다.

그러나 이는 어디까지나 추정에 불과하기 때문에 양수인이 2차적저작물작성권을 포함한 저작재산권 전부를 양수하였다는 점을 정황 증거 등을 통해 입증한다면 그 추정은 깨지게 되고, 그렇게 되면 결국 양수인이 2차적저작물작성권을 포함한 저작재산권 전부를 양수하였음이 인정된다.

소설 A를 저술한 갑은 출판사를 운영하고 있다. 어느 날 을이 찾아와서, 갑이 저작권을 가지고 있는 소설 A의 저작권을 양도할 것을 갑에게 제안했다. 갑은 어차피 잘 팔리지도 않는 소설책이어서 흔쾌히 그 제안을 받아들였다. 을은 그날 바로 대금을 지급하고 갑으로부터 소설 A의 저작권을 양수했다. 저작권 양도 계약은 구두로 이루어졌고 2차적저작물작성권 양도에 관한 어떠한 언급도 없었다.

이런 경우에는 원칙적으로 갑이 소설 A에 대해 가지는 2차적저작물작성권은 양도되지 않은 것으로 추정되기 때문에 소설 A에 대한 2차적저작물작성권은 여전히 갑이 보유하고 있는 것으로 추정된다.

이에 반해, 만일 B가 저작권 양도 계약을 체결할 때, 영화를 만들기 위해 소설 A의 저작권을 양수받는 것이라고 말하면서 갑에게 영화 제작사 대표 명함을 건넸다면 얘기는 달라진다.

비록 갑과 을이 저작권 양도 계약을 구두로 체결했고, 명시적으로 소설 A에 관한 2차적저작물작성권을 양도 및 양수한다는 언급을 하지는 않았더라도, 을은 갑에게 소설 A를 가지고 2차적저작물인 영화를 제작하고 싶다는 얘기를 했고, 영화제작사 대표라는 직함이 기재된 명함을 건넸다면, 갑의 입장에서는 을이 소설 A를 영화화할 것이라는 점을 충분히 알 수 있었다고 볼 수 있기 때문이다.

그렇다면 결국 갑은 묵시적으로 소설 A에 대해 자신이 갖고 있던 2차적저작물작성권까지 을에게 양도한 것으로 봐야 한다. 따라서 갑이 만약에 소설 A에 관해 가지는 2차적저작물작성권은 양도되지 않은 것으로 추정된다고 주장한다면, 을은 위와 같은 사정을 들어 그러한 추정을 깰 수 있을 것이다.

4 저작재산권의 보호 기간

(1) 일반적인 저작물의 경우

저작물은 영구히 보호되는 것이 아니라, 일정 기간이 지나면 더 이상 보호되지 않는다. 즉, 저작물은 저작재산권의 보호 기간 동안만 보호가 되고, 그 이후에는 누구나 그 저작물을 자유롭게 이용할 수 있도록 공중의 영역(Public Domain)에 놓이게 된다.

현행 저작권법상 일반 저작물의 저작재산권은 저작자가 생존하고 있는 동안에는 계속 존속하고, 저작자가 사망한 이후에도 추가적으로 70년간 더 존속한다. 이와는 달리 업무상저작물과 영상저작물의 저작재산권은 공표한 때부터 70년간 존속한다. 여기서 일반 저작물의 저작재산권의 보호 기간과 관련된 70년의 기산일은 저작자가 사망한 다음 해의 1월 1일이고, 업무상저작물과 영상저작물의 그것은 공표한 다음 해의 1월 1일이다.

따라서 일반 저작물이 그 저작재산권 보호 기간이 지났는지 여부를 확인하기 위해서는 그 저작물과 관련된 몇 가지 정보가 필요하다. 그러한 정보는 간단하게는 해당 저작물의 저작자가 누구인지, 그 저작자가 언제 사망하였는지, 그리고 저작재산권 보호 기간의 연혁은 어떻게 되는지에 관한 것이다. 이를 통해 현재 시점에서 해당 저작물의 보호 기간이 지났는지 여부를 확인할 수 있다.

여기서 저작자와 그 저작자의 사망일은 사실적인 정보에 해당하지만 저작재산권 보호 기간의 연혁은 법령에 해당하는 것이고 다소 복잡한 면이 있기 때문에 이에 대해 간단히 살펴보기로 하자.

1957년 제정 저작권법에서는 일반 저작물의 저작재산권은 저작자가 생존하고 있는 동안 존속하고, 저작자가 사망한 후에도 30년간 존속하도록 규정하고 있었다.

1987년 저작권법에서는 일반 저작물의 저작재산권을 저작자 생존 기간 동안 그리고 사후 50년간 존속하도록 개정하면서 그 보호 기간을 연장했다. 다만, 부칙에서는 1987년 저작권법이 시행되던 1987. 7. 1. 이전에 1957년 저작권법에 따른 저작재산권 보호 기간이 이미 지난 저작물은 더 이상 보호되지 않는 것으로 정했고, 이와 함께 1987년 저작권법 시행 전에 공표된 '연주·가창·연출·음반 또는 녹음필름'(1957년 당시 저작권으로 보호되었음)과 사진 및 영화는 계속해서 1957년 저작권법의 적용을 받도록 정했다.

2011년 저작권법에서는 일반 저작물의 저작재산권을 저작자 생존 기간 동안 그리고 사후 70년간 존속하도록 개정하면서 그 보호 기간을 연장했고, 이 경우에도 부칙에서는 2011년 저작권법이 시행되던 2013. 7. 1. 이전에 1987년 저작권법에 따른 저작재산권 보호 기간이 이미 지난 저작물은 더 이상 보호되지 않는 것으로 정했다.

예를 들어 A저작물[4]을 저작한 저작자 갑은 1956년에, B저작물을 저작한 저작자 을은 1957년에, C 저작물을 저작한 병은 1962년에, D 저작물을 저작한 정은 1963년에 각각 사망했다고 하자.

갑은 1956년에 사망했으므로 A 저작물의 저작재산권은 1957년 저작권법에 따라 사후 30년간 존속하게 된다. 때문에 A 저작물은 갑이 사망한 다음 해 1월 1일부터 30년이 되는 1986년 12월 31일에 그 저작재산권 보호 기간이 만료되었고, 그 만료시점은 1987년 저작권법이 시행된 1987년 7월 1일 이전이다. 이런 경우는 부칙에 의해 1987년 저작권법에 의한 저작재산권 보호 기간 연장 대상에 해당하지 않게 되어 결국 A 저작물은 저작재산권 보호 기간이 경과되어 공중의 영역에 놓이게 된다. 따라서 현재 시점에서는

---

[4] 1987년 저작권법의 부칙 제2조에서 1987년 저작권법 시행 전에 공표된 연주·가창·연출·음반 또는 녹음필름과 사진 및 영화에 대해서는 1957년 저작권법을 계속 적용하도록 한 점을 감안하여, 여기서 예를 드는 저작물은 연주·가창·연출·음반 또는 녹음필름과 사진 및 영화가 아닌 그 외의 저작물로 상정한다.

누구나 A 저작물을 자유롭게 이용할 수 있다.

1957년에 사망한 을의 경우에는 1957년 저작권법에 따라
B 저작물의 저작재산권은 사후 30년간 존속한다. 그러나
사후 30년이 되는 1987년 12월 31일 이전에 1987년 저작권
법이 시행되었으므로, 부칙에 따라 B 저작물은 1987년 저
작권법에 따라 그 보호 기간이 사후 50년으로 연장되어,
결국 B 저작물의 저작재산권의 보호 기간은 2007년 12월
31일까지가 된다. 그러나 현재 시점에서 볼 때 그 보호 기
간은 이미 만료가 된 상태이므로, B 저작물 또한 누구나
이를 자유롭게 이용할 수 있다.

1962년에 사망한 병의 경우, C저작물의 저작재산권은
1957년 저작권법에 따라 사후 30년간 존속하지만, 사후
30년이 되는 1987년 12월 31일 이전에 1987년 저작권법이
시행되었으므로 1987년 저작권법에 따라 그 보호 기간이
사후 50년으로 연장되어 C 저작물의 저작재산권 보호 기
간은 2012년 12월 31일까지가 된다. 2011년 저작권법 개정
으로 일반 저작재산권 보호 기간이 70년으로 연장되었지
만, C 저작물의 저작재산권은 그 시행일인 2013년 7월 1일
이전에 그 보호 기간이 만료되었다. 이런 경우는 부칙에
따라 2011년 저작권법에 의한 저작재산권 보호 기간 연장
대상에 해당하지 않게 되어 C 저작물은 저작재산권 보호
기간이 경과되어 공중의 영역에 놓이게 된다. 따라서 현재

시점에서는 누구나 C 저작물을 자유롭게 이용할 수 있다.

1963년에 사망한 정의 경우에는 1957년 저작권법에 따라 D 저작물의 저작재산권은 사후 30년간 존속하지만, 사후 30년이 되는 1987년 12월 31일 이전에 1987년 저작권법이 시행되었으므로, 1987년 저작권법에 따라 그 보호 기간이 사후 50년으로 연장되어 2013년 12월 31일까지가 된다. 그리고 다시 2011년 저작권법 개정으로 일반 저작재산권 보호 기간이 70년으로 연장되었고, 그 시행일이 2013년 7월 1일이기 때문에 부칙에 따라 D 저작물의 저작재산권 보호 기간은 2033년 12월 31일까지가 된다. 따라서 D 저작물은 현재까지도 그 보호 기간 중에 있으므로, 저작권자의 허락 없이는 무단으로 D 저작물을 이용할 수 없다.

(2) 업무상저작물 및 영상저작물의 경우

업무상저작물과 영상저작물의 저작재산권 보호 기간은 일반 저작물과는 달리 저작자를 기준으로 하는 것이 아니라, 해당 저작물의 공표 시기를 기준으로 한다. 즉, 현행 저작권상 업무상저작물 또는 영상저작물의 저작재산권은 그것이 공표된 다음 해의 1월 1일부터 70년간 존속한다.

이 점을 제외하면 업무상저작물과 영상저작물의 저작재산권 보호 기간 산정 방식은 앞서 본 일반 저작물의 그것과 다를 것이 없다.

업무상저작물과 영상저작물의 경우에는 법인 또는 단체가 저작권을 가지고 있는 경우가 많은데, 해당 법인 또는 단체가 해산되어 그 권리가 〈민법〉과 그 밖의 법률 규정에 따라 국가에 귀속되는 경우에는 저작재산권이 소멸하게 된다(저작권법 제49조). 따라서 업무상저작물과 영상저작물의 경우에는 그 저작재산권 보호 기간이 경과되지 않더라도 이를 자유롭게 이용할 수 있는 경우가 있다는 점도 기억해 둘 필요가 있다.

(3) 외국인 저작물의 경우

외국인 저작물의 저작재산권 보호 기간은 그 연혁이 국내 저작물보다 더 복잡하다. 이 책에서는 간단하게만 소개하도록 하겠다.

1957년 제정 저작권법은 외국인의 저작물에 대하여 조약에 규정이 없는 경우에는 국내에서 처음으로 그 저작물을 발행한 외국인에 한하여 보호하도록 규정하고 있었다. 그러나 당시에 우리나라는 외국인의 저작물 보호에 관한 어떠한 조약에도 가입한 적이 없었기 때문에 외국인의 저작물은 국내에서 최초로 발행된 것에 한하여 보호되었다.

그 후 우리나라가 가입 또는 체결한 조약에 따라 외국인 저작물을 보호하도록 한 1987년 저작권법 시행과 함께 우리나라는 세계저작권협약 등에 가입하였고, 이에 따라 외국인 저작물이 보호를 받을 수 있게 되었다. 그러나 그 개정법이 시행되던 1987년 7월 1일 이후 창작된 외국인 저작물만 보호 대상이 되었다. 즉, 1987년 7월 1일 이전에 창작된 외국인 저작물은 여전히 보호 대상이 아니었다.

그러다가 1996년 저작권법은 Trips 협정 체결에 따라 베른협약을 받아들이면서 1987년 7월 1일 이전에 창작된 외국인 저작물도 소급해서 보호 받게 되었다.

이에 따라 현행 저작권법은 우리나라가 가입 또는 체결한 조약과 상호주의에 따라 외국인 저작물을 보호하고 있다. 우리나라에서 외국인 저작물은 외국인 저작물과 관련된 국가의 저작권법상의 저작재산권 보호 기간과는 무관하게 우리 저작권법의 저작재산권 보호 기간 동안만 보호된다.

따라서 앞서 본 국내 저작물의 저작재산권 보호 기간 산정 방식과 동일한 방식으로 외국인 저작물의 저작재산권 보호 기간을 산정하면 된다.

｜4｜
저작(권)자

1 창작자 원칙

저작물을 창작한 사람을 '저작자'라고 하고(저작권법 제2조 제
2호), 저작권은 저작물을 창작한 때부터 발생한다(저작권법 제
10조 제2항). 따라서 저작자는 저작물을 창작한 바로 그 순간
에 저작권을 가지게 되고, 그 저작물의 저작권자가 된다.
이를 '창작자 원칙'이라고 한다. 창작자 원칙은 저작권법
을 관통하는 가장 중요한 원칙이다

그리고 저작권 가운데 저작재산권은 양도가 가능하기 때
문에 저작재산권을 양도받은 사람 역시 저작권자가 될 수
있다.

2 저작자와 저작권자의 개념과 그 구별

이와 같이 저작자와 저작권자의 개념에는 약간 차이가 있
다. 저작자는 저작물을 창작한 사람만을 가리키기 때문

에 저작권을 양도받은 사람은 저작권자인 것이지 저작자
는 아니다. 그러나 저작자는 언제나 저작자인 동시에 저작
권자가 된다. 왜냐하면 저작자는 저작물을 창작하는 순
간 저작권을 가지게 되고 그와 같이 발생한 저작권을 제3
자에게 양도하더라도 저작재산권만 양도되기 때문에 여전
히 저작인격권은 저작자에게 남아 있게 된다. 어떠한 경우
에도 저작자는 저작인격권자가 되기 때문에 그런 의미에서
저작자는 항상 저작권자가 되는 것이다.

3 작품 소장자와의 구별

작품 소장자는 저작(권)자와는 전혀 다른 개념이다. 작품
소장자는 원칙적으로 해당 작품의 소유권만을 가지기 때
문에 저작권과 관련된 어떠한 권리도 가지고 있지 않다.
따라서 해당 작품을 임의로 복제하는 등의 행위를 하는
경우에는 해당 작품 저작권자의 저작권을 침해하는 것이
된다. 다만, 미술저작물 등의 경우에는 작품 소장자가 그
저작권자의 동의 없이도 전시는 할 수 있다.
그렇다고 하더라도 가로·공원·건축물의 외벽 그 밖에 공
중에게 개방된 장소에 늘 전시하는 경우에는 해당 미술저
작물 저작권자의 동의를 받아야만 한다(저작권법 제35조 제1항).

창작자 원칙은 저작물을 창작한 저작자가 저작권을 가진
다는 원칙이고, 이것이 저작권법을 관통하는 대원칙이다.
그런데 이러한 창작자 원칙의 유일한 예외가 있다. 바로 업
무상저작물의 저작자이다. 업무상저작물의 저작자에 관한
법리는 쉽게 말해 저작물을 창작한 자가 아니라고 해도 일
정한 요건을 갖춘 경우에는 창작자가 아닌 법인 등을 저작
자 즉, 창작자로 보는 것을 의미한다. 이는 단순한 저작권
자가 아닌 저작자로 인정하는 것이다. 따라서 업무상저작
물의 저작자는 저작재산권뿐만 아니라 저작인격권도 가지
게 된다.

업무상저작물의 저작자가 되기 위해서는 크게 두 가지 요
건을 충족해야 한다. 하나는 관련된 저작물이 업무상저작
물이어야 한다는 것이고, 다른 하나는 업무상저작물임을
전제로 하여 그것이 법인 등의 명의로 공표될 것, 그리고
법인 등과 실제 창작한 자 사이에 저작자에 관한 별도의
다른 정함이 없어야 한다는 것이다.

먼저 업무상저작물에 관해서 살펴보면, 업무상저작물이란
'법인·단체, 그 밖의 사용자의 기획 하에 법인 등의 업무
에 종사하는 자가 업무상 작성하는 저작물을 말한다' (저작
권법 제2조 제31호). 업무상저작물은 통상적으로는 고용 관계에

있는 상태에서 그 피고용자가 업무를 보는 과정에서 창작하는 저작물을 의미하는 것이지만, 반드시 그런 것도 아니다. 비록 고용 관계는 아니더라도 법인 등이 실질적으로 지휘·감독하는 관계에서 그 지휘·감독을 받는 자가 만드는 저작물이라면 이 또한 업무상저작물이 될 수 있다.

그러나 이런 경우에는 업무상저작물보다는 공동저작물로 인정될 가능성이 더 높다. 왜냐하면 법인 등이 저작물의 창작을 외주업체에 외주를 주고 그 법인 등이 실제 그 저작물의 창작에 일부 기여를 하는 경우가 있을 수 있는데, 이러한 경우라도 기본적으로는 창작자 원칙에 따라 해당 저작물의 창작에 기여한 자는 저작자가 되는 것이므로 그 저작물은 외주를 준 법인 등과 외주업체의 공동저작물이 되어 법인 등은 공동저작자 가운데 하나가 될 여지가 훨씬 더 높기 때문이다.

한편, 어떤 저작물이 업무상저작물이라고 하더라도 법인 등이 항상 업무상저작물의 저작자가 되는 것은 아니다. 법인 등이 업무상저작물의 저작자가 되기 위해서는 앞서 본 바와 같이 그 업무상저작물이 법인 등의 명의로 공표되는 것이어야 하고, 법인 등과 실제 창작한 자 사이에 그 저작물의 저작자를 실제 창작한 자로 한다는 등의 별도의 다른 정함이 없어야만 하기 때문이다.

개정 전의 저작권법에는 법인 등의 명의로 '공표된' 이라고 규정되어 있었다. 그래서 법인 등의 명의로 '공표된' 업무상저작물에 대해서는 법인 등이 업무상저작물의 저작자가 되는 것이 분명했지만, 업무상저작물이라 해도 법인 등의 명의로 공표되지 않고 남아 있는 업무상저작물은 창작자 원칙에 따라 실제 창작자가 저작자가 되는 것인지 아니면 이런 경우에도 여전히 법인 등이 업무상저작물 저작자가 되는 것인지 여부에 관해 다툼이 있었다.

그러나 그 후 저작권법은 위 '공표된' 을 '공표되는' 으로 개정하면서 법인 등의 명의로 공표될 예정에 있는 모든 업무상저작물에 대해서까지 그 저작자를 법인 등이 될 수 있도록 하였다. 따라서 비록 법인 등의 명의로 공표되지 않고 남아 있는 업무상저작물이라고 하더라도 그것이 애초에 법인 등의 명의로 공표될 예정에 있었던 것이라면 이제는 그 모두가 그 법인 등이 그것의 저작자가 되는 것이다.

현실적으로는 업무상저작물의 저작자에 관해서 법인 등이 별도의 정함을 하는 경우는 없다고 보아도 과언이 아니다. 따라서 법인 등이 업무상저작물의 저작자가 되기 위한 요건으로서 '별도의 정함이 없을 것' 이라는 요건이 문제되는 경우는 거의 없다. 그러나 필자가 맡았던 저작권 소송 가운데에서 이러한 것이 문제된 경우가 있었다.

캐릭터에 관한 저작권 침해 사건이었는데, 그 캐릭터는 업무상저작물이었고 해당 법인의 명의로 공표되었기 때문에 누가 봐도 그 캐릭터의 저작자는 그 법인이라는 것이 분명했다. 그런데 그 캐릭터를 실제로 창작한 해당 법인의 직원이 캐릭터의 저작권은 자신에게 있고 소송의 상대방이 자신이 저작권을 가지고 있는 캐릭터의 저작권을 침해했다는 이유로 침해금지가처분 신청을 한 것이다.

그 사건에서 법원은 그 캐릭터는 업무상저작물이고 해당 법인의 명의로 공표되었기 때문에 해당 법인이 그 캐릭터의 저작자이자 저작권자가 된다는 이유로, 저작권자가 아닌 신청인의 가처분 신청을 기각하였다.

필자의 입장에서는 사실 당연한 결과였다. 그런데 해당 사건에 관한 본안소송(원고의 청구 또는 상소인의 불복주장에 대한 판단을 하는 판결)을 하는 동안 해당 법인의 사실확인서가 증거로 제출되었다. 그 사실확인서의 내용은 해당 법인과 실제 창작한 직원 사이에 그 캐릭터를 창작한 직원을 저작자로 하는 별도의 정함이 있었다는 취지의 것이었다. 요즘 흔히 하는 말로 멘붕이었다. 필자는 업무상저작물의 저작자가 되기 위한 요건 가운데 '별도의 정함이 없을 것'이라는 요건과 관련된 정말 흔치 않은 실제 사례를 경험한 것이다.

|5|
저작권 침해

1 저작권 침해의 요건

일반적으로 저작권 침해가 인정되기 위해서는
① 저작권 침해를 주장하는 사람의 저작물이 저작권법에
의해 보호받을만한 창작성이 있어야 하고,
② 상대방이 그 저작물에 의거하여 이용하여야 하며,
③ 저작권 침해를 주장하는 사람의 저작물과 그 상대방의
저작물 사이에 실질적 유사성이 있어야 한다.

위 세 가지 요건 가운데 ①은 이미 저작물에 관한 부분에
서 충분히 설명했기 때문에 여기서는 ②와 ③에 관해서
만 살펴보도록 하겠다. 흔히 ②를 의거성이라고 하고, ③
을 실질적 유사성이라고 한다. 그런데 사실은 ①의 저작물
성에 관한 것은 독자적으로 판단되기 보다는 ③의 실질적
유사성을 판단할 때 동원되는 법리라고 보는 것이 맞을 것
이다.

왜냐하면 저작권 침해를 주장하는 사람(이하 '저작권 침해 주장자' 라고 함)의 저작물 전체가 저작물성이 없는 경우는 흔하지 않고, 그의 저작물의 일부와 상대방(이하 '상대방' 또는 '저작권 침해 방어자' 라고 함) 저작물의 일부가 실질적으로 비슷하다고 주장하는 경우가 대부분이기 때문이다. 그러다보니 결국 실질적 유사성을 판단할 때는 저작권 침해 주장자의 저작물 가운데 침해 주장 부분(이하 '침해 주장 부분' 이라고 함)이 저작물성이 있는지 여부를 가려서 저작물성이 있는 경우에만 비교 대상으로 삼고, 저작물성이 없는 경우에는 애초에 비교 대상에서 제외시키게 된다.

이와 같이 저작물성에 관한 판단은 실질적 유사성을 판단할 때 함께 이루어지는 경우가 대부분이기 때문에 저작권 침해 여부의 판단은 결국 의거성과 실질적 유사성 여부를 판단하는 것이라고 해도 틀린 말은 아니다.

저작권이 침해되었다고 하기 위해서는 의거성과 실질적 유사성이라는 두 가지 요건을 동시에 만족해야 한다. 따라서 의거성이 없다면 양 저작물이 아무리 실질적으로 비슷하다 해도 저작권 침해가 아닌 것이고, 의거성이 인정된다 해도 양 저작물이 실질적으로 비슷하지 않다면 이 또한 저작권 침해에는 해당하지 않게 된다.

2 의거성(남의 것을 보고 하는 것)

의거성이란 쉽게 말하면 남의 저작물을 '보고 하는 것'을 의미한다. 저작권 침해 사건에서 이러한 의거성은 저작권 침해 주장자가 주장·입증해야 하는 부분이다. 그런데 아무리 저작권 침해 주장자라 해도 자신의 저작물을 상대방이 언제 어디서 어떻게 보고 했는지는 정확히 알 도리가 없다. 그래서 법원에서는 여러 가지 법리를 통해 의거성을 추정하고 있다.

저작권 침해 주장자의 저작물이 상대방의 저작물보다 먼저 공표된 경우에는 상대방이 저작권 침해 주장자의 저작물에 접근해서 그 저작물을 보았을 가능성 즉, 접근 가능성이 있다. 그래서 이러한 경우 법원은 의거성이 있다고 추정하고 있다.

그런데 상대방이 저작물을 창작할 당시 저작권 침해 주장자의 저작물이 공표된 적이 없다면 위와 같은 접근 가능성에 관한 법리로는 의거성을 추정할 수가 없게 된다. 그래서 이런 경우에는 다른 법리로 의거성을 추정하게 된다. 양 저작물을 비교해서 상대방의 저작물이 저작권 침해 주장자의 저작물과 뚜렷하게 비슷하다면 이는 상대방이 저작권 침해 주장자의 저작물을 보았을 가능성이 상당히 높다고 보아, 이러한 경우에도 법원은 의거성이 있다고 추정하는 것이다.

이러한 접근 가능성과 현저한 유사성 법리에 따라 의거성 여부를 추정한 결과, 의거성이 없다는 판단이 내려져서 저작권 침해가 인정되지 않은 사건이 있었다. 바로 드라마 〈선덕여왕〉 사건이다.

뮤지컬 〈무궁화의 여왕 선덕〉 측에서는 mbc 드라마 〈선덕여왕〉이 〈무궁화의 여왕 선덕〉을 표절했다는 이유로 저작권 침해를 주장했다.

대법원은 위 뮤지컬은 공연이 된 적이 없었기 때문에 mbc 측에서 그 뮤지컬에 접근할 가능성이 없었다는 점과, 양 저작물을 비교해 보더라도 현저하게 비슷한 것은 아니라는 점을 들어, 드라마 〈선덕여왕〉이 뮤지컬 〈무궁화의 여왕 선덕〉에 의거해서 만들어진 것이라고 볼 수는 없다고 의거성을 부정하였다. 결국 이 사건은 의거성이 없었기 때문에 실질적 유사성 여부를 따져볼 필요도 없이 저작권 침해가 아니게 된 것이다.

접근 가능성과 현저한 유사성 말고도 의거성이 추정되는 경우는 양 저작물에 '공통의 오류'가 있는 경우이다. 즉, 저작권 침해 주장자의 저작물에 있는 오류와 동일한 오류가 상대방의 저작물에 있는 경우에도 의거성이 있다고 추정된다.

2 실질적 유사성

의거성이 인정된다고 해서 곧바로 저작권 침해가 되는 것은 아니다. 의거성은 다른 사람의 저작물을 보고 저작물을 만들었다는 것에 불과한 것이지, 반드시 그 저작물과 실질적으로 비슷하다는 것을 의미하는 것은 아니기 때문이다. 남의 것을 참고해서 전혀 다른 저작물을 만들 수도 있는 것이다. 따라서 저작권 침해가 되기 위해서는 남의 저작물을 보고 했다는 것만으로는 부족하고 남의 저작물과 실질적으로 비슷하게 만들어야만 하는 것이다.

앞에서 실질적 유사성 여부를 판단할 때, 저작물성 여부도 함께 판단하는 것이 대부분이라고 언급했었다. 이는 실질적 유사성 판단 방법과도 그 맥을 같이 한다. 저작권 침해 방어자의 입장에서는 양 저작물이 실질적으로 비슷하지 않다고 반박해야 한다. 그러나 누가 봐도 양 저작물이 뚜렷하게 비슷한 경우에는 먼저 저작권 침해 주장자의 침해 관련 부분이 애초에 저작물성이 없다고 반박하는 것이 가장 유효한 방어 전략이 될 것이다. 따라서 저작권 침해 방어자는 저작권 침해 주장자의 침해 관련 부분이 앞서 살펴본 저작물의 개념에 해당하는 표현이 아니라거나 창작성이 없다는 점을 주장하고 입증해야 할 것이다.

이러한 저작권 침해 방어자의 반박에 타당성이 있다면, 결국 저작권 침해 주장자의 침해 관련 부분에서 저작물성이 없는 부분은 실질적 유사성 판단의 대상에서 제외된다. 이와 같이 실질적 유사성을 판단할 때는 저작권 침해 주장자의 침해 관련 부분 모두가 비교 대상이 되는 것이 아니라, 그 가운데 저작물성이 인정되지 않는 부분을 제외한 나머지 부분만을 가지고 저작권 침해 방어자의 해당 부분과 비교하게 되는 것이다.

A 저작물을 창작한 저작자 갑은 을이 A 저작물 내용 가운데 a1, a2, a3, a4, a5를 표절하여 B 저작물 가운데 b1, b2, b3, b4, b5을 만들었다는 이유로 저작권 침해를 주장했다. 이러한 갑의 주장에 대해 을은 a1은 아이디어에 해당하는 것이고, a2는 종래에 이미 존재하던 표현이며, a3는 통상적인 표현에 해당하므로 저작물이 아니라고 반박하였다.

만약 이러한 을의 반박이 타당하다면, 결국 이 사안에서는 a4, a5와 b4, b5에 대해서만 실질적 유사성을 판단하게 되는 것이다. 그렇게 되면 을은 b4, b5와 a4, a5를 비교해서 그것들이 실질적으로 비슷하지 않다는 점에 대해서만 반박하면 되는 것이다.

저작권자로부터 저작물 이용에 관한 허락을 받아서 저작물을 이용한다면 원칙적으로는 문제될 것이 없다. 그런데 이러한 경우에도 아주 가끔은 저작권 침해 여부가 논란이 되는 경우가 있다. 이용 허락의 범위를 넘어서 이용하는 경우이다. 이런 경우 단순한 계약 위반에 불과한 것인지 아니면 저작권 침해인지가 문제 된다.

저작권자인 갑은 을에게 자신의 저작물 A를 복제해서 서울에서만 배포하도록 허락했는데, 을은 서울뿐만 아니라 부산에도 배포했다. 이 경우 을의 행위는 단순한 계약 위반일까 아니면 갑의 복제권 및 배포권을 침해한 것일까?

을의 입장에서는 지역적 제한은 있지만 갑으로부터 저작물 A를 복제하여 배포하는 것에 대해 허락을 받은 상태이고 또한 그 이용 허락 기간 동안에 한 일이기 때문에 단순한 계약 위반이라고 주장할 수 있다. 반면, 갑의 입장에서는 을에게 그의 저작물 A를 부산에 배포하는 것에 대해서는 허락하지 않았으므로 계약 위반은 물론이고, 을이 무단으로 저작물 A를 복제하여 배포한 것에 해당하기 때문에 을은 저작물 A에 관한 갑의 저작재산권 가운데 복제권과 배포권을 침해한 것이라고 주장할 수 있다.

이와 관련된 판례나 문헌 등이 없어서 이런 경우에 과연 저작권 침해에 해당하는지 여부는 명확하지 않다. 다만, 이용 허락의 범위를 넘어선 이용이 저작권 침해인지 여부는 구체적 상황에 따라 판단하되, 이용 허락 기간 후의 이용 또는 최소한 저작재산권의 유형별 관점에서 이용이 허락되지 않은 유형의 저작재산권의 이용이 있는 경우, 예를 들어, 저작물을 오프라인에서 복제·배포하는 것만 허락했는데, 이를 인터넷 등 온라인에서 전송하는 등의 경우는 저작권 침해라고 보는 것이 타당할 것이다.

한편, 이용 허락의 범위를 넘어선 이용이 저작권법 위반에 해당한다는 판례가 있어 소개해 보고자 한다.

이미지 판매 회사로부터 해당 이미지를 구입한 회사는 이미지 판매 회사의 약관 등에 의해 해당 이미지를 1회에 한해서만 이용할 수 있음에도 이를 초과하여 이용했다. 이 사안에서 법원은 이를 저작권법 위반이라고 판시했다(울산지방법원 2012. 12. 28. 2010노170 판결).

이처럼 이용 허락을 넘어선 이용이 단순한 계약 위반인지 아니면 저작권 침해에 해당하는지 여부에 관해서는 명확한 기준이 없을 뿐만 아니라, 법원은 위 판례에서처럼 계약 위반으로 볼 여지도 있는 사안에서 저작권 침해를 인정했기 때문에, 저작물 이용자의 입장에서는 단순히 이용 허락을 받았다는 이유로 해당 저작물을 임의로 이용해서는 안 되고, 이용 허락을 넘어서 이용할 경우에는 반드시 사전에 저작권자나 이용 허락권자의 동의를 받는 것이 무엇보다도 중요할 것으로 생각된다.

161
공정이용

앞에서 본 것처럼 의거성과 실질적 유사성이 둘 다 존재하게 되면 원칙적으로는 저작권 침해가 된다. 그래서 이런 경우에 저작권 침해 방어자는 손해배상액이 과다하다는 것 말고는 별다르게 다툴 것이 없다. 그러나 이러한 상황이라도 저작권 침해가 아니라고 주장할 여지는 아직 남아 있다. 바로 '공정이용' 또는 '저작재산권 제한'(이하 '공정이용'이라고 함)에 관한 주장이다. 저작권법은 비록 겉으로는 타인의 저작권을 침해한 것으로 보이지만, 일정한 경우 저작권자의 저작재산권을 제한함으로써 해당 저작물을 이용할 수 있도록 하는 공정이용에 관한 규정을 두고 있다. 저작권법으로 보호되는 저작물을 제한적으로 이용할 수 있도록 허용하는 개념이다.

공정이용에 관한 규정은 '공표된 저작물의 인용' 등 개별적·구체적 규정 16가지와 '저작물의 공정한 이용'이라는 일반적·보충적 규정으로 구성되어 있다(저작권법 제23조~제35조의3). 저작권법상 공정이용에 관한 규정은 다음과 같다.

- 재판 절차 등에서의 복제(제23조)
- 정치적 연설 등의 이용(제24조)
- 공공저작물의 자유 이용(제24조의2)
- 학교 교육 목적 등에의 이용(제25조)
- 시사 보도를 위한 이용(제26조)
- 시사적인 기사 및 논설의 복제 등(제27조)
- 공표된 저작물의 인용(제28조)
- 영리를 목적으로 하지 아니하는 공연·방송(제29조)
- 사적 이용을 위한 복제(제30조)
- 도서관 등에서의 복제 등(제31조)
- 시험 문제로서의 복제(제32조)
- 시각장애인 등을 위한 복제 등(제33조)
- 청각장애인 등을 위한 복제 등(제33조의2)
- 방송사업자의 일시적 녹음·녹화(제34조)
- 미술저작물 등의 전시 또는 복제(제35조)
- 저작물 이용 과정에서의 일시적 복제(제35조의2)
- 저작물의 공정한 이용(제35조의3)

그러나 현실적으로 저작권 소송 실무에서 법원이 공정이용을 인정하여 저작권 침해가 아니라고 판단한 경우는 극히 드물다. 물론 어떤 공정이용 규정을 주장하느냐에 따라 달라지긴 하겠지만 대체로 법원이 공정이용을 인정한 경우는 그 예를 찾기가 어렵다.

따라서 누가 보더라도 공정이용에 해당하지 않는다고 판단되거나 처음부터 공정이용이라는 의도 하에서 이루어진 경우가 아니라면 굳이 이를 주장할 필요는 없을 것이다. 그러기보다는 오히려 손해배상액의 과다를 다투는 일에 힘을 쏟는 것이 보다 효율적인 방어 전략이 될 것이다.

다만, 저작권법에 공정이용에 관한 규정이 존재한다는 것을 알고 있는 것과 그렇지 못한 것 사이에는 저작권을 대하는 자세에서 벌써 차이가 나는 것이다. 그러므로 어떤 유형의 공정이용 규정이 존재하는지, 그리고 자신의 저작물 창작 행위와 관련지을 수 있는 공정이용 규정으로는 어떤 것이 있는지를 확인하는 것은 분명히 의미 있는 일이라 할 것이다.

맺음말

지금까지 저작권에 관한 전체적인 개요를 살펴보았다. 물론 개략적으로만 살펴본 것이어서 저작권에 관한 모든 것이 담겨 있다고 할 수는 없다. 그러나 일반적인 저작권 침해 사건에서 발생할 수 있는 이슈들은 모두 이러한 틀 안에서 움직이고 있다고 해도 과언은 아니다.

따라서 이하에서는 이러한 저작권에 관한 전체적인 개요를 기초로 캐릭터 저작권에 관한 심도 있는 논의를 본격적으로 전개해 나가도록 하겠다.

음악을 둘러싼
권리자들과
음악 관련 단체들

음악저작자와 음악저작물의 구성 및 그 형태

1 음악저작자

다른 일반적인 저작물과 마찬가지로 음악도 그것을 창작한 사람이 음악저작자가 되고, 그 음악저작자는 창작과 동시에 저작권을 가지게 된다. 대중음악은 보통 작사와 작곡·편곡으로 이루어져 있다. 따라서 작사가, 작곡가 그리고 편곡자가 음악저작물의 저작자가 되고, 그들은 그 창작과 동시에 그 각각에 대한 저작권을 가지게 된다.

다만, 음악저작물의 경우에도 그것이 업무상저작물로서 법인 등의 명의로 공표되고 저작자에 관한 다른 정함이 없는 경우에는 실제 해당 음악을 창작한 사람이 아니라 그 법인 등이 저작자가 된다. 이는 창작자가 저작자로서 저작권을 가지게 되는 창작자 원칙의 유일한 예외이고 이를 '업무상저작물의 저작자'라고 한다. 이러한 업무상저작물의 저작자가 음악과 관련하여 문제된 사례를 하나 소개해 보도록 하겠다.

〈비법인 사단 산하 음악분과위원의 편곡 등〉 사건[5]

A 등은 비법인 사단 B로부터 새로운 찬송가의 작곡을 의뢰받아 작곡하였고, 당시 비법인 사단 B는 A 등으로부터 해당 찬송가의 저작재산권을 양도받았다. 그 후 A 등은 비법인 사단 B 산하 음악분과위원회의 전문위원 및 편집분과위원회 위원으로 찬송가 수정 작업과 개발에 참여하였다. C 재단법인은 비법인 사단 B로부터 위 찬송가를 출연 받아 출간하였다. 이에 A는 이 사건 찬송가 가운데 네 곡에 대한 편곡자로서 C 재단법인이 자신의 편곡을 무단으로 사용하고 있다는 등의 이유로 저작권 사용료 등을 청구한 사안

■ 이 사건 네 곡의 찬송가 저작자가 비법인 사단 B인지 여부(O)

10여년에 걸친 찬송가 개발 과정, 비법인 사단 B 산하 음악분과위원회와 소속 위원들의 참여 내용, 당시 참여한 위원들에게 보수로 지급된 금액 등에 비추어 볼 때, A가 이 사건 네 곡의 찬송가를 혼자 편곡하였다고 보기 어렵고, 오히려 비법인 사단 B 소속 음악분과위원회 위원들에 의하여 공동으로 창작·편곡된 것이거나 비법인 사단 B의 기

---

5) 서울고등법원 2012. 9. 5. 2011나45370 판결

획 및 지시 아래 비법인 사단 B의 찬송가 수정 업무에 종사한 위원들에 의하여 작성된 업무상저작물로서 당초부터 이 사건 네 곡의 찬송가에 대한 저작재산권은 모두 비법인 사단 B에게 귀속되었다고 보는 것이 타당하다.

．．．．

저작물을 창작한 사람은 저작자로서 별도의 등록 절차 없이 자동적으로 저작권을 가지게 된다. 그러나 실제 저작물의 저작자가 누구인지는 저작 활동에 관여하지 않은 다른 사람들로서는 알기 어렵다. 그리고 이를 둘러싸고 법적 분쟁이 발생하였을 경우 진정한 저작자가 분쟁의 대상이 되는 저작물이 자신의 저작 활동의 소산임을 입증하는 것이 곤란한 경우가 많다. 이에 저작권법은 저작물의 원작품이나 그 복제물에 저작자로서의 성명 또는 그의 예명·아호·약칭 등으로서 널리 알려진 것이 일반적인 방법으로 표시된 자(저작권법 제8조 제1항 제1호), 또는 저작물을 공연·방송 또는 전송함에 있어서 저작자로서의 실명 또는 저작자의 널리 알려진 이명으로서 표시된 자(저작권법 제8조 제1항 제2호)를 저작자로 추정하고 있다.

음악과 관련하여 진짜 저작자가 누구인지 추정하는 것이 문제된 사례를 하나 소개해 보도록 하겠다.

〈님은 먼 곳에〉 사건[6]

유호(필명)는 신라의 달밤, 낭랑 18세, 진짜 사나이, 이별의 부산 정거장 등을 작사한 사람이다. 유호는 〈님은 먼 곳에〉의 가사(이하 '이 사건 가사'라고 함)는 **자신이** 드라마 〈님은 먼 곳에〉(이하 '이 사건 연속극'이라고 함)의 극본을 집필하면서 같이 만든 **것인데**(방송 말미에 '작사가 유호'라고 표시), 신중현이 발매한 음반에는 작사가가 '신중현'으로 표시되어 있다. 이에 유호는 자신이 작사가임을 확인하는 소송을 제기하였다.

 유호의 주장

신중현이 〈님은 먼 곳에〉를 작곡하기 전에 유호는 직접 원고지 1장에 가사를 작성하여 신중현에게 건네주었다. 여기에 신중현의 작곡이 더하여져 〈님은 먼 곳에〉가 탄생하게 된 것이므로, 이 사건 가사의 저작자는 유호이다.

---

6) 서울고등법원 2006. 10. 10. 선고 2006나3204 판결

신중현의 반박

〈님은 먼 곳에〉의 작사와 작곡을 의뢰받을 당시 이 사건 연속극의 연출진으로부터 이 사건 연속극의 대본과 함께 원고지 2장 내지 3장 정도에 가득히 적힌 참고용 가사를 건네받았다. 참고용 가사의 도입부에서 이별을 후회하는 감정이 길게 서술된 부분을 단순하고 직설적인 '사랑한다고 말할걸 그랬지'로 표현을 변경하고, 참고용 가사 가운데 '눈물 주고'와 '꿈도 주고'를 추출하여 '마음 주고, 눈물 주고, 꿈도 주고 멀어져 갔네'라는 가사를 만드는 등 참고용 가사를 이용하였을 뿐이고, 신중현이 직접 〈님은 먼 곳에〉의 악곡과 어울리게 단어와 문장을 선정하고 이를 적절히 반복하여 배열하는 등으로 이 사건 가사를 창작하였다.

법원의 판단

1) 유호가 이 사건 가사의 저작자로 추정되는지 여부(O)

〈님은 먼 곳에〉는 1969. 11 .9.경 이 사건 연속극에 삽입되어 방송됨으로써 처음으로 공표되었다. 총 13회에 걸쳐 방송된 이 사건 연속극에서는 극작가로 널리 알려진 예명인 '유호'를 이 사건 노래의 작사자로 표시한 자막(end credits)을 삽입하여 말미에 함께 방영하였다. 그러므로 이 사건

66

가사의 저작자는 유호로 추정된다. 신중현은, 1970년경 최초로 제작된 〈님은 먼 곳에〉 음반에 신중현이 〈님은 먼 곳에〉의 작사자로 표시되어 있으므로 이 사건 가사의 저작자는 신중현으로 추정된다고 주장하지만, 〈님은 먼 곳에〉는 그 음반 제작 이전인 1969. 11. 9.경 유해준(유호의 본명)의 저작물로 표시되어 방송됨으로써 먼저 공표되었으므로 신중현의 위 주장은 이유 없다.

2) 신중현의 주장만으로 유호가 이 사건 가사의 저작자라는 추정이 깨지는지 여부(X)

신중현은, 이 사건 가사는 유호의 작사법과 달리 3부 형식으로 같은 말을 반복하고 내적 표현에 치중하는 등 신중현이 즐겨 사용하는 작사 형식으로 이루어져 있고, 〈님은 먼 곳에〉를 수록한 음반 및 가요집에 이 사건 가사의 작사자로 신중현이 표시되어 왔으며, 유호는 이 사건 소송 제기 전까지 30년 이상 동안 이 사건 가사에 대한 권리를 주장한 바 없고, 한국음악저작권협회 역시 신중현을 이 사건 가사의 저작권자로 인정하고 저작권 사용료를 지급하여 왔으므로, 이 사건 가사의 저작권자가 유호라는 추정은 깨어졌다는 취지로 주장한다.

그러나 이 사건 노래 제작 당시에는 연속극의 내용을 잘 알고 있는 연속극의 작가가 연속극의 분위기에 어울리도록 주제곡의 가사를 작사하고 이에 맞추어 작곡자가 작곡하는 것이 일반적인 방송 관행이었다. 1971. 4. 25. 발행된 《오늘의 가요》라는 대중가요 서적에는 〈님은 먼 곳에〉의 작사자로 예명인 '유호'를 표시하고 있고, 〈님은 먼 곳에〉를 처음으로 불렀던 김추자는 2000년경 이루어진 여성월간지(여성동아 2000년 12월호)와의 인터뷰에서 이 사건 가사의 작사자가 유호라고 진술하였으며, 더욱이 이 사건 연속극 및 노래의 제작에 직접 관여하여 그 내막을 잘 아는 이 사건 연속극의 조연출, 이 사건 연속극의 음악 담당이 이 사건 가사의 작사자를 유호라고 진술한 것 등에 비추어 볼 때, 신중현의 위와 같은 주장만으로는 유호가 〈님은 먼 곳에〉의 작사가라는 추정이 깨어졌다고 할 수 없다.

3) 유호가 30년 이상 작사가로서 권리를 행사하지 않았다는 이유만으로 곧바로 그 권리가 실효되는지 여부(X)

신중현은, 유호가 음반 발매 직후 자신이 작사자임을 주장하지 않았고, 그 이후에도 이 사건 소를 제기할 때까지 30년 이상 작사자로서 권리를 행사하지 않았으므로, 이 사건 가사에 대한 유호의 저작자로서의 권리는 실효되었다고 주장한다.

유호가 음반 발매 후 약 30년 동안 이 사건 가사의 저작자가 자신임을 신중현에게 주장하지 않은 것은 사실이지만,

방송작가가 그 본업이었던 유호는 상당 기간 동안 음반 및 책자 등에 이 사건 가사의 저작자로 신중현의 성명이 표시되어 있음을 인식하지 못하였던 것으로 보인다. 그리고 유호가 신중현에게 이 사건 가사의 저작자로서 권리를 행사하지 않겠다는 신뢰를 부여하였다고 볼 아무런 객관적 사정이 존재하지 않는다. 그러므로 유호가 신중현을 상대로 더욱 신속한 법적 조치를 취하지 아니하였다는 것만으로는 이 사건 청구가 신의칙(사회의 일원으로서 신뢰에 어긋나지 않게 성실하게 행동해야 한다는 원칙)에 위배되거나 신의칙상 실권되었다고 볼 수 없다.

2 가사의 음악저작물성

물론 가사의 경우에는 그 자체만 놓고 보면 음악저작물이라기보다는 어문저작물에 가깝다. 그러나 음악저작물을 저작물의 한 종류로 규정하고 있는 저작권법(저작권법 제4조 제1항 제2호)의 입법 취지상 그리고 한국음악저작권협회 저작권사용료 징수규정 제4조 제1호에서 음악저작물을 '인간의 사상이나 감정을 음으로 표현한 창작물로서 가사 및 악곡을 지칭한다'라고 규정하고 있는 점 등에 비추어 볼 때, 가사가 본래 시(詩)나 다른 문학 작품 등의 일부가 아니라 애초에 그 음악을 위해 창작된 것이라면, 이는 어문저작물로 보기보다는 음악저작물로 보는 것이 타당하다고 생각된다.

한편, 작사와 작곡은 각각 별개로 창작되기 때문에 이들은 공동저작물이 아니라, 단순히 작사와 작곡이 결합된 결합저작물에 해당한다고 보는 것이 상당하다. 따라서 누군가 특정 음악의 작사와 관련된 저작권을 침해하거나 작사 이용에 관한 허락을 받고자 하는 경우에는 해당 작사에 관해 저작권을 가진 사람만이 저작권 침해를 주장하거나 이용 허락을 할 수 있다. 즉, 이러한 경우 작곡은 아무런 관련성이 없기 때문에 작곡에 관해 저작권을 가진 사람은 이 경우 어떠한 권리도 주장할 수 없다.

일반적으로 서적의 경우에도 비록 그 표지에 'A, B 공저'라고 표시되어 있더라도, 총 15장 가운데 실제 1장부터 7장까지는 A가 저술했고, 8장부터 15장까지는 B가 저술했다면, 이는 공동저작물이 아니라 결합저작물에 해당한다. 즉, 이는 A와 B가 각자 저술한 그들의 저작물을 단순히 결합해서 한 권의 책으로 출판한 것에 불과한 것이다.

이와 마찬가지로 작사와 작곡도 각각의 저작물을 결합해서 하나의 음악으로 발표한 것에 불과하기 때문에 작사와 작곡은 결합저작물에 해당한다. 따라서 작사와 작곡에 관한 권리는 서로 어떠한 영향도 미치지 않게 된다.

예를 들어, 갑이 대중음악 B의 가사를 개사하여 완전히 다른 노랫말로 만든 다음에 그 노래를 무단으로 공연했다면, 그 노래 작곡가의 저작권(공연권 등) 침해는 별론으로 하더라도, 작사가의 저작권을 침해하는 것은 아니게 된다. 다만, 해당 개사가 기존 가사의 2차적저작물에 해당하는 것으로 판단되면, 이 경우 갑은 작사가의 2차적저작물작성권을 침해한 것이 될 수 있다.

4 편곡

편곡은 작곡의 2차적저작물에 해당하기 때문에, 작곡과는 별도의 독자적인 저작물로 보호된다(저작권법 제5조 제1항). 따라서 편곡자도 해당 음악의 저작자로서 편곡과 동시에 편곡에 관한 저작권을 가진다.

한편, 편곡이 기존의 작곡에 대한 2차적저작물에 해당하기 위해서는 기존의 작곡을 변조하여 원곡에 새로운 부가가치를 발생시켜야 하고, 단순히 기존 악곡의 리듬, 가락, 화성에 사소한 변형을 가하는 정도로는 편곡에 해당하지 않는다 할 것이다.[7]

---

7) 서울고등법원 2012. 9. 5. 2011나45370 판결

71

〈컴퓨터용 음악으로 편곡한 음악의 2차적저작물성〉 사건[8]

컴퓨터를 이용해서 연주할 수 있도록 컴퓨터용 음악으로 B가 편곡한 184곡을 A는 B의 허락 없이 임의로 복제하여 이를 그대로 다른 사람들에게 판매하였다. 이에 저작권법을 위반하였다는 이유로 A가 기소된 사안

■ 2차적저작물로 인정되기 위한 요건

저작권법 제5조 제1항은 원저작물을 번역·편곡·변형·각색·영상제작 그 밖의 방법으로 작성한 창작물(이하 '2차적 저작물'이라 함)은 독자적인 저작물로서 보호된다고 규정하고 있다. 2차적 저작물로 보호 받기 위해서는 원저작물을 기초로 하되 원저작물과 실질적 유사성을 유지하고, 이것에 사회통념상 새로운 저작물이 될 수 있을 정도의 수정·증감을 가하여 새로운 창작성이 부가되어야 한다. 단지, 원저작물에 약간의 수정·증감을 가한 데 불과하여 독창적인 저작물이라고 볼 수 없는 경우에는 저작권법에 의한 보호를 받을 수 없다.

---

8) 대법원 2002. 1. 25. 선고 99도863 판결

대중가요를 컴퓨터를 이용하여 연주할 수 있도록 컴퓨터용 음악으로 편곡하기 위해서는 컴퓨터 음악과 관련 컴퓨터 프로그램에 대한 높은 수준의 이해는 물론 시간적으로도 상당한 노력이 요구된다.

B가 편곡한 위 184곡은 원곡을 단순히 컴퓨터음악용 곡으로 기술적으로 변환한 정도를 넘어 고도의 창작적 노력이 개입되어 작성된 것으로 편곡자의 독특한 방법과 취향이 그 편곡된 컴퓨터 음악에 반영되어 편곡의 차별성과 독창성이 인정된다. 그러므로 저작권법에 의하여 보호될 가치가 있는 2차적 저작물에 해당한다.

그런데 A는 B가 편곡한 위 184곡을 임의로 복제하여 그 가운데 일부 곡들의 경우에는 곡의 완성도나 창작성에 별 영향이 없는 기초적인 부분들만 몇 군데 수정하고 나머지 곡들은 그대로 복제해서 다른 사람들에게 판매하였으므로, B는 저작권법 위반의 죄를 범하였다고 할 수 있다.

2

음악 관련 저작권자 및 저작인접권자
그리고 그들의 권리

1 음악저작권자와 그 권리들

앞서 본 바와 같이, 음악의 작사가, 작곡가 그리고 편곡자는 음악저작자이고, 해당 음악저작물과 관련하여 그것이 업무상저작물로서 법인 등이 저작자가 되는 경우가 아니라면 음악저작자는 창작과 동시에 음악과 관련된 저작권을 가진다. 물론 음악저작자는 저작재산권에 대해서는 이를 제3자에게 양도할 수 있지만, 그러한 경우라도 여전히 저작인격권은 가지게 된다.

이와 같이 음악 저작권 가운데 저작재산권은 양도의 대상이 될 수 있다. 그런데 이러한 저작재산권을 양도하거나 양수할 때 당시 양도인이 제3자의 저작권 침해에 따른 손해배상청구권을 가지고 있고, 양수인이 그 손해배상청구권까지 양수하고자 한다면, 양도인과 양수인은 저작재산권 양수도에 관한 합의 이외에 별도로 손해배상청구권까지 양수한다는 특약이 있어야 한다.

〈음악저작권 양도와 손해배상청구권〉 사건[9]

A는 이 사건 음악저작물의 작곡가나 작사가들로부터 그 저작권을 각각 양수하고, 그 저작권 양수 등록을 하였다. 그런데 B는 위 저작권 양도 이전부터 그 이후까지 원저작자들이나 A로부터 사용 허락을 받지 않고 이 사건 음악저작물을 복제하여 7종의 컴퓨터 영상 가요반주기에 수록한 뒤 반주기들을 제조·판매하였다. 이에 A가 B의 저작권 침해 행위에 대하여 손해배상을 청구한 사안

■ A가 이 사건 음악저작물에 대한 저작권을 양수 등록한 이후의 저작권 침해에 대하여

B는 A의 저작권 양수 사실을 등록한 이후에 A나 원저작자의 사용 허락을 받지 않고 이 사건 음악저작물을 수록한 노래반주기를 판매함으로써 이 사건 음악저작물에 대한 A의 저작권을 침해하였으므로, B는 A에게 저작권 침해 행위에 따른 손해를 배상할 책임이 있다.

---

9) 대법원 2001. 11. 30. 선고 99다69631 판결

A가 원저작자들로부터 이 사건 음악저작물에 관한 저작권
을 양도받았다고 하더라도 그것만으로 양도 이전에 원저작
자가 B에 대하여 가지는 저작권 침해에 따른 손해배상청
구권까지 A가 당연히 승계한다고 할 수 없다.

그런데 A가 원자작자로부터 위와 같은 손해배상채권을 양
도받았다는 점을 인정할 아무런 증거가 없을 뿐만 아니라,
채권 양도의 대항 요건 즉 원저작자들이 채권 양도 사실
을 B에게 통지하였다거나 B가 원저작자들에 대하여 채권
양도 사실을 승낙하였다는 점에 대한 아무런 주장·입증도
없으므로, A가 이 사건 음악저작물에 대한 저작권을 양도
받았다는 사실만으로는 저작권 양도 등록 이전의 B의 저
작권 침해 행위에 대하여도 A가 손해배상을 청구할 수 있
다는 A의 주장은 받아들일 수 없다.

평 석

저작권 양수인이 그 저작권 양수도 이전에 발생한 저작
권 침해에 따른 손해배상을 그 침해자에게 청구하기 위해
서는, 단순히 저작권을 양수받았다는 사실만으로는 부족
하고, 양도인으로부터 저작권 양수도 이전에 양도인이 침

해자에게 가지는 저작권 침해에 따른 손해배상청구권까지 양도를 받아야 한다. 따라서 이를 위해서는 저작권 양도인과 양수인 사이에 '저작재산권 양도 계약'을 서면으로 체결할 때, 그 내용에 '양도인은 양수인에게 본 저작재산권 양수도 이전에 양도인이 제3자에 대해 가지는 저작권 침해에 따른 손해배상청구권을 양도한다'는 조항을 포함시킬 필요가 있다.

· · · ·

음악저작권자들이 가지는 권리도 일반 저작권과 마찬가지로 크게는 두 가지 즉, 저작재산권과 저작인격권으로 구성되어 있다. 저작재산권과 저작인격권을 구성하는 개개의 권리들에 대해서는 Part 1에서 자세히 살펴보았으므로, 여기서는 분야별로 다양한 판례들을 통해 실무 감각을 익히는 정도로 개략적으로만 살펴보도록 하겠다.

〈인터넷에 음악 무단 게재〉 사건[10]

A는 대중가요인 하늘색 꿈 등(이하 '이 사건 음악저작물'이라고 함)을 작곡 또는 작사한 저작자 겸 저작권자이다. A는 한국음악저작권협회와 이 사건 음악저작물에 관한 저작권신탁 계약을 체결하였다가, 그 이후 한국음악저작권협회에게 이에 관한 계약 해지를 통지하였다. B 등은 자신이 직접 음악 사이트를 운영하는 등의 방식으로, 저작권자인 A로부터 이 사건 음악저작물에 대한 이용 허락을 받지 아니한 채, 이 사건 음악저작물을 디지털압축파일(asf, box, mmf 등의 파일형식)로 변환하여 자신들이 운영하는 음악 사이트의 해당 서버에 저장한 다음, 인터넷 이용자에게 전체 듣기[11], 미리 듣기[12], mp3 파일 다운받기[13], 통화 연결음[14], 휴대폰 벨소리[15] 등을 제공하여 왔다. 이에 A가 B 등을 상대로 저작권 침해에 따른 손해배상을 청구한 사안

---

10) 서울고등법원 2008. 9. 23. 선고 2007나70720 판결(대법원 2009. 11. 26. 판결 2008다77405 판결에서 그대로 확정됨)

11) 인터넷에서 음악저작물에 관한 디지털압축파일을 다운로드 없이 실시간으로 연속하여 재생하는 기법(streaming)에 의하여 인터넷 이용자에게 음악을 유료로 제공하는 서비스

12) 스트리밍의 방식으로 약 1분 내지 1분 30초 정도 무료로 송신하는 것으로서, 인터넷 이용자에게 음악의 샘플(sample)을 제공하는 서비스

13) 인터넷 이용자에게 음악 파일을 유료로 다운로드 받을 수 있게 하는 서비스

■ A의 복제권, 전송권 및 배포권 침해 여부

1) 복제권 침해 여부(O)

B 등은 인터넷 이용자에게 스트리밍, 미리 듣기, mp3 파일 다운로드, 통화 연결음, 휴대폰 벨소리 등의 서비스를 제공하기 위하여, 저작권자인 A로부터 이 사건 음악저작물에 대한 이용 허락을 받지 아니한 채, 이 사건 음악저작물을 디지털압축파일로 변환하여 자신들이 운영하는 음악 사이트상의 유형물인 해당 서버의 보조기억장치(유·무선의 전기통신회선에 접속하고 있어 이용자의 요청에 따라 즉시 저장된 자료를 송신할 수 있는 저장영역을 가진 장치)에 고정·저장하였으므로, B 등의 행위는 A의 복제권 침해에 해당한다.

2) 전송권 침해 여부(O)

B 등은 이 사건 음악저작물을 디지털압축파일로 변환하여 해당 서버의 보조기억장치에 고정·저장함으로써, 인터넷 이용자의 개별적인 선택에 따라 그 이용자가 수신할 수 있

---

14) 해당 서비스의 구매자가 보유한 휴대폰에 타인이 전화를 거는 경우 이동통신사가 구축한 네트워크를 통하여 그 타인에게 통화대기음 대신에 음악에서 일부 발췌한 부분을 들려주는 서비스

15) 해당 서비스의 구매자가 자신의 휴대폰에 전화가 걸려오는 경우 자신이 선택·저장한 음악에서 일부 발췌한 부분을 들을 수 있는 서비스

도록 이 사건 음악저작물을 제공하였고, 실제로 인터넷 이용자의 개별적인 요청에 따라 유·무선 전기통신회선을 통하여 서버에 저장된 이 사건 음악저작물의 디지털압축파일을 그 각 이용자에게 송신하였으므로, B 등의 행위는 A의 전송권 침해에 해당한다.

3) 배포권 침해 여부(X)

구 저작권법 제2조 제15호 소정의 '배포'라 함은, 저작물의 원작품 또는 그 복제물을 일반 공중에게 대가를 받거나 받지 아니하고 양도 또는 대여하는 것을 의미하는데, 이와 같은 '배포'의 개념은 '전송'의 개념과 대비되어, 무체물(음향. 전기. 빛 따위)이 아닌 유체물(공간의 일부를 차지하고 형태를 가지는 물건)의 형태로 저작물이나 복제물이 양도 또는 대여되는 것을 뜻한다.

그런데 스트리밍, 미리 듣기, mp3 파일 다운로드, 통화 연결음, 휴대폰 벨소리 등의 서비스는 음악 사이트의 서버에 저장된 음악저작물의 압축 파일을 스트리밍 방식이나 음성 통신회선 등을 통하여 송신하여 그 이용자로 하여금 듣도록 하거나, 이용자의 개인 컴퓨터나 휴대폰 등에 다운로드 받도록 하는 서비스를 말하는 것으로서, 이는 유체물의 형태로 된 저작물이나 복제물이 양도 또는 대여되는 것을 의미한다고 할 수 없다.

따라서 B 등이 제공하는 위와 같은 서비스가 전송에 해당하는지 여부는 별론으로 하고, 이를 가리켜 배포에 해당한다고 볼 수는 없다.

■ A의 성명표시권 침해 여부(O)

B 등은, B 등이 직접 운영하는 음악 사이트의 웹페이지에 이 사건 음악저작물의 목록을 게시함에 있어서, 그 웹페이지의 화면상에 또는 간단한 클릭 과정을 통하여 생성되는 창 등에 적정한 방법으로 작사·작곡가로서 저작자인 A의 성명을 표시하지 않았다.

또한 B 등이 인터넷 이용자들에게 이 사건 음악저작물을 스트리밍 내지 mp3 파일 다운로드 등의 방식으로 개별적인 서비스를 제공함에 있어서, 그와 같은 서비스를 제공하는 과정에서의 안내 창에, 또는 mp3 플레이어의 화면 내지 그 밖에 음악의 재생 과정에서 이용자가 볼 수 있는 각종의 창 내지 화면 등에 적정한 방법으로 저작자인 A의 성명을 표시하지 않았다. 그러므로 특별한 사정이 없는 한 B 등의 위 행위는 A의 성명표시권 침해에 해당한다.

■ A의 동일성유지권 침해 여부

1) 미리 듣기의 동일성유지권 침해 여부(O)

B 등이 저작자인 A의 동의를 받지 아니한 채 제공한 미리 듣기 서비스는, A의 원곡이 약 3분 내지 5분 정도 됨에도 불구하고, A의 의사에 반하여 인터넷 이용자에게 약 1분 내지 1분 30초 정도로 A 저작물의 표현 형식을 절단하여 이를 전송하는 것으로서, 특별한 사정이 없는 한 B 등의 행위는 A의 동일성유지권 침해에 해당한다.

2) 통화 연결음 및 휴대폰 벨소리 서비스의 동일성유지권 침해 여부 (O)

B 등이 저작자인 A의 동의를 받지 아니한 채 제공한 통화 연결음과 휴대폰 벨소리 서비스는 A의 원곡 일부를 그 의사에 반하여 부분적으로 발췌하여 음악 파일로 변환·저장시킨 다음, 그와 같은 음악 파일을 해당 서비스의 구매자에게 전송하는 것으로서, 특별한 사정이 없는 한 B 등의 행위는 A의 동일성유지권 침해에 해당한다.

. . . .

위 사건의 법원은 미리 듣기 서비스와 통화 연결음 및 휴대폰 벨소리 서비스가 해당 음악저작자의 동일성유지권을 침해하는 것이라고 판단하였다. 그러나 그 후 다른 사건에서 대법원은 미리 듣기 서비스는 해당 음악저작자의 동일성유지권을 침해하는 것은 아니라고 판단하였다.

〈미리 듣기 등〉 사건[16]

A는 노래반주기 제작 회사인 B회사가 이 사건 음악저작물을 노래반주기용 반주곡으로 제작하면서 일부분의 선율을 변경하고 원곡과 다른 코러스·랩·의성어 등을 삽입함으로써 이 사건 음악저작물의 동일성유지권을 침해하였고, B회사가 그의 인터넷 사이트에 이 사건 음악저작물의 미리 듣기 서비스를 제공함으로써 이 사건 음악저작물의 동일성유지권을 침해하였다고 주장하면서 그에 따른 손해배상을 청구한 사안

■ 이 사건 음악저작물을 노래반주기용 반주기로 제작하면서 일부 변경한 것이 동일성유지권을 침해하는 것인지 여부(X)

이 사건 음악저작물을 노래반주기용 반주곡으로 제작하면서 일부분의 선율을 변경하고 원곡과 다른 코러스·랩·

---

16) 대법원 2015. 4. 9. 선고 2011다101148 판결

의성어 등을 삽입하는 이러한 변경만으로는 음악저작물을 노래반주기에 이용할 때 일반적으로 통용되는 범위를 초과하여 이 사건 음악저작물을 변경하였다고 보기 어렵다. 따라서 이와 같은 변경이 이 사건 음악저작물의 동일성유지권을 침해한 것이라는 A의 주장은 받아들일 수 없다.

■ 미리 듣기 서비스가 동일성유지권을 침해하는 것인지 여부(X)

어문저작물이나 음악저작물·영상저작물 등의 일부만을 이용하는 경우에, 그 부분적 이용이 저작물 가운데 일부를 발췌하여 그대로 이용하는 것이어서 이용되는 부분 자체는 아무런 변경이 없고, 이용 방법도 그 저작물의 통상적 이용 방법을 따른 것이며, 그 저작물의 이용 관행에 비추어 일반 대중이나 당해 저작물의 수요자가 그 부분적 이용이 전체 저작물의 일부를 이용한 것임을 쉽게 알 수 있어 저작물 가운데 부분적으로 이용된 부분이 그 저작물의 전부인 것으로 오인되거나, 그 부분적 이용으로 그 저작물에 표현된 저작자의 사상·감정이 왜곡되거나 저작물의 내용이나 형식이 오인될 우려가 없는 경우에는, 그러한 부분적 이용은 그 저작물 전부를 이용하는 것과 이용하는 분량 면에서만 차이가 있을 뿐이어서 저작자의 동일성유지권을 침해한 것으로 볼 수 없다. 이는 그 부분적 이용에 관하여 저작재산권자의 이용 허락을 받지 않은 경우에도 마찬가지이다.

음악저작물의 미리 듣기 서비스는 음악저작물의 음원 가운데 약 30초 내지 1분 정도의 분량을 스트리밍 방식으로 전송하여 인터넷 이용자가 들을 수 있도록 하는 일종의 음원 샘플 제공 행위로서 인터넷상 음악저작물 이용 거래에서 음악저작물의 홍보나 유료 이용에 도움을 주기 위하여 널리 행해지는 음악저작물의 이용 행태 가운데 하나이고, 음악저작물의 음원의 일부를 한정된 시간 동안 그대로 전송·재생하는 것이어서 아무런 변경이 없다. B회사가 그의 인터넷 사이트에서 제공한 이 사건 음악저작물의 미리 듣기 서비스도 이 사건 음악저작물의 음원 가운데 약 30초 정도 분량만을 스트리밍 방식으로 무료로 전송·재생하는 것이어서 재생되는 부분 자체는 아무런 변경이 없는 점 등을 알 수 있다.

B회사가 제공하는 이 사건 음악저작물의 미리 듣기 서비스는 일반적인 음악저작물의 미리 듣기 서비스와 다를 바가 없어서 일반 대중이나 이 사건 음악저작물의 수요자로서는 이 사건 음악저작물의 미리 듣기 서비스가 음악저작물 전부가 아닌 일부만을 제공하는 것임을 쉽게 알 수 있으므로, 이 사건 음악저작물 가운데 미리 듣기 서비스에 이용된 부분이 이 사건 음악저작물의 전부인 것으로 오인되거나, 미리 듣기 서비스로 인하여 이 사건 음악저작물에 표현된 원고의 사상·감정이 왜곡되거나 이 사건 음악저작물의 내용 또는 형식이 오인될 우려가 없다고 할 것이다.

따라서 B회사가 이용 허락을 받지 아니한 채 이 사건 음악 저작물의 미리 듣기 서비스를 제공하였다고 하더라도 이것이 A의 동일성유지권을 침해한 것이라고 볼 수는 없다.

. . . .

한편, 대법원은 노래반주기 제작 회사가 제공한 '악보 미리보기 서비스'도 위 판례 사안에서의 '미리 듣기 서비스'의 경우와 비슷한 이유로, 해당 음악저작자의 동일성유지권을 침해하는 것은 아니라고 판시한 바 있다.[17]

2 음악 저작인접권자와 그 권리들

저작권법에는 저작권과 비슷한 권리로서 실연자, 음반 제작자 및 방송 제작자에게 저작인접권을 인정하고 있다. 그러나 1957. 1. 28. 법률 제정된 저작권법(이하 '1957년 저작권법'이라고 함)에서는 실연자 및 음반 제작자의 권리를 저작권으로 보호하였다. 그 후 1986. 12. 31. 전면 개정되어 1987. 7. 1.부터 시행된 저작권법(이하 '1987년 저작권법'이라 함)에 이르러서야 비로소 실연자 및 음반 제작자의 권리를 '저작인접권'으로 규정하여 보호하기 시작했다. 이제부터는 이러한 저작인접권자 가운데 음악과 관련된 실연자와 음반 제작자 및 그들의 권리들에 관해 살펴보도록 하겠다.

---

17) 대법원 2015. 4. 9. 선고 2012다109798 판결

1) 실연자와 그의 권리들

① 실연자

실연자란 저작물을 연기·무용·연주·가창·구연·낭독 그 밖의 예능적 방법으로 표현하거나 저작물이 아닌 것을 이와 비슷한 방법으로 표현하는 실연을 하는 자를 말하며, 실연을 지휘, 연출 또는 감독하는 자를 포함한다(저작권법 제2조 제4호). 여기서 '지휘'란 교향악단 등의 지휘를 말한다.

② 실연자의 권리

이러한 실연자의 권리는 저작권과 마찬가지로 크게 두 가지 즉, 재산권적인 권리와 인격권적인 권리로 나뉜다.

- 재산적인 권리

실연자의 재산권적인 권리는 다시 ① 복제권, 배포권, 대여권, 공연권, 방송권, 전송권과 ② 그 밖의 권리로 나뉜다.

재산권적인 권리 가운데 특히 복제권은 실연 그 자체를 복제하는 것을 의미하기 때문에 그 실연과 비슷한 다른 실연을 녹음·녹화하는 것에는 미치지 않는다. 따라서 무단으로 가수의 노래를 그대로 복제한다면 실연자의 복제권을 침해하는 것이겠지만, 가수의 노래를 일반인이 부르고 그것을 녹음·녹화하는 것은 해당 음악의 저작권 침해는 별론으로 하더라도 실연자의 복제권 침해와는 무관하다.

또한 실연자와 저작권자는 전혀 다른 권리자들이기 때문에, 비록 실연자인 가수가 자신의 음반에 수록된 노래라도 그 노래를 공연하는 등의 방법으로 사용하고자 할 때에는, 그 노래의 저작권자에게 공연 사용료 등을 지급해야 한다.

〈다른 사람이 만든 노래를 부른 가수와 그 저작권료〉 사건[18]

A는 자신이 운영하는 B회사에서 가수 C가 공연하면서 부른 노래(이하 '이 사건 노래'라고 함)의 저작권과 관련하여, 한국음악저작권협회가 그 공연 전후로 내용증명을 발송해서 공연과 관련된 자료를 요구하였음에도 불구하고, 이를 제출하거나 한국음악저작권협회를 상대로 저작권을 확보하기 위한 필요한 조치를 취하지 않았다. 이에 한국음악저작권협회는 A를 저작권법 위반으로 고소하여, A가 이와 관련하여 기소된 사안

A의 반박

한국음악저작권협회에서 아무런 연락 또는 조치를 받은 사실이 없고, 공연 전에 가수 C의 소속사인 D회사로부터 공연 대상인 노래들의 저작권과 관련하여 B회사가 피해를 입지 않도록 해당 노래들의 저작권을 제공받기로 합의하였다. 또한 공연에서 어떤 곡을 노래할지는 가수가 임의로 정하는 것이어서 사전에 이 사건 노래가 공연될 것인지를 알 수 없었다.

 법원의 판단

공연 기획자가 영리 목적으로 공연을 주최하면서 가수 자신이 원래 부르던 노래를 부르게 하더라도, 그 노래를 가수 자신이 아닌 타인이 작사·작곡한 경우에는 공연 기획자는 그 노래의 저작권자인 작사·작곡가에게 사용료를 지급하여야 한다.

A가 운영하는 B회사와 가수 C의 소속사인 D회사 사이에 체결한 출연 계약서에는 B회사가 D회사로부터 한국음악저작권협회에 저작권이 신탁된 음원과 관련하여 공연에 관련된 권리를 제공받기로 약정하였다는 취지로 해설될 여지가 있는 내용이 있기는 하다.

그러나 그러한 약정이 있었더라도 약정의 당사자가 아닌 한국음악저작권협회와의 관계에서는 B회사가 공연 주최자로서 저작권료를 지급할 책임을 지는 것이므로, 이러한 약정을 이유로 한국음악저작권협회가 이 사건 노래의 사용을 승낙하였다고 볼 수는 없다.

A는 한국음악저작권협회로부터 공연과 관련된 자료 제출을 직접 요구받고도 이에 불응하면서 한국음악저작권협회를 상대로 저작권을 확보하기 위해 필요한 조치를 하지 아니하였으므로 A의 고의를 부정할 수 없다.

또 A가 이 사건 노래가 공연될 것이라는 점을 사전에 알 수 없었다고 하더라도, A는 공연 전에 한국음악저작권협회의 요구에 불응하면서 저작권을 확보하기 위해 필요한 조치를 취하지 않았으므로, 적어도 한국음악저작권협회에 저작권이 신탁된 노래 전반에 관하여 저작권자의 허락 없이 공연이 이루어진다는 점에 대한 미필적 고의가 인정된다.

· · · ·

한편, 실연자의 '그 밖의 권리'로는 ① 방송 사업자의 실연자에 대한 보상 ② 디지털음성 송신사업자의 실연자에 대한 보상 ③ 상업용 음반을 사용하여 공연하는 자의 실연자에 대한 보상이 있다.

먼저 '방송 사업자의 실연자에 대한 보상'은 방송 사업자가 실연이 녹음된 상업용 음반을 사용하여 방송하는 경우에 그 실연자에게 지급하는 상당의 보상금을 의미하고, '디지털음성 송신사업자의 실연자에 대한 보상'은 디지털음성 송신사업자가 실연이 녹음된 음반을 사용하여 송신하는 경우에 그 실연자에게 지급하는 상당의 보상금을 의미하며, '상업용 음반을 사용하여 공연하는 자의 실연자에 대한 보상'은 실연이 녹음된 상업용 음반을 사용하여 공연을 하는 자가 그 실연자에게 지급하는 상당의 보상금을 의미한다.

특히 상업용 음반을 사용하여 공연하는 자의 실연자에 대한 보상과 관련해서는 Part 3에서 살펴볼 '최근 개정된 음악 관련 주요 규정들'에서 자세히 살펴보도록 하겠다.

– 인격적인 권리
실연자는 저작자와 마찬가지로 인격적인 권리로서 성명표시권과 동일성유지권을 가지지만, 저작권자와는 달리 공표권은 가지고 있지 않다.

음악 관련 실연자의 성명표시권이 문제된 사례를 하나 소개해 보도록 하겠다.

〈칵테일 사랑 등〉 사건[19]

A는 B회사의 음반 기획자로부터 〈칵테일 사랑〉의 악보를 받아 그 코러스를 편곡하였고, C 등과 그 무렵 B회사의 스튜디오에서 위 〈칵테일 사랑〉이라는 노래를 불러 녹음을 하였으며, 위 스튜디오에서 단독으로 〈이젠 너를〉, 〈길을 묻는 연인들〉이라는 노래를 불러 녹음하였다. B회사의 음반 기획자는 위 노래들을 녹음할 당시에 위 노래들을 수록할 음반에 노래를 부른 A의 이름을 기재하여 주기로 약속하였다. 그러나 시중에는 A의 성명을 표시하지 않은 채로 위 음반이 판매되고 있었다.

 B회사의 반박

위의 노래들은 A와 C 등으로 구성된 마로니에 3이라는 그룹이 취입한 것이다. 음반에 '마로니에 3'이라고 표시하였으므로 A의 성명을 별도로 표시하여 줄 의무가 없다.

---

19) 서울민사지방원 1995. 1. 18. 선고 94카합9052 결정

A는 위 〈칵테일 사랑〉, 〈이젠 너를〉, 〈길을 묻는 연인들〉
이라는 노래의 가수로서, B회사가 A에게 위 세 곡의 가수
가 A라고 표시하여 주기로 약정하였다고 할 것이고, 가령
그러한 명시적인 약정이 없었다고 하더라도, 가수는 음악
저작물을 음성으로 표현하여 일반대중에게 전달하는 사람
으로서, 실제로 노래를 부른 가수의 이름을 표시하는 것
이 음반업계의 관행이라고 할 것이다. 특히 대중가요에 있
어서는 일반 대중이 어떤 노래를 그 가수의 이름과 함께
기억하는 것이 현실이라고 할 것이므로, B회사가 위 세 곡
이 수록된 음반을 출반할 경우에는 다른 약정이 없는 한
가수인 A의 성명을 표시하여야 한다.

2) 음반 제작자와 그의 권리들

음반 제작자는 음반을 최초로 제작할 때 전체적으로 기
획하고 책임을 지는 자를 말한다(저작권법 제2조 제6호). 여기서
음반이란 음(음성·음향을 말함)이 유형물에 고정된 것(음을 디지털
화한 것을 포함)을 말하지만, 음이 영상과 함께 고정된 것은 음
반에 포함되지 않는다(저작권법 제2조 제5호).

그런데 음반에 관한 권리는 1987년 저작권법에서 저작인
접권에 관한 규정을 신설하기 전까지는 1957년 저작권법

하에서 저작권으로 보호 받았다. 그리고 1987년 저작권법 부칙 제2조 제2항은 '이 법 시행 전에 종전의 규정에 의하여 공표된 저작물로서 다음 각 호의 1에 해당하는 것은 종전의 규정에 의한다'라고 규정하면서, 그 제1호에서 '연주·가창·연출·음반 또는 녹음필름'을 규정하고 있다. 따라서 1987년 저작권법이 시행되기 전에 1957년 저작권법에 의해 공표된 음반은 그 후 저작권법 개정과는 무관하게 계속해서 저작물로 취급되는 것이다.

이와 같이 1957년 저작권법에 의해 저작물로서 공표된 음반에 관한 권리는 저작권으로 보호 받는 반면, 1987년 저작권법 시행 이후 발생된 음반 제작자의 권리는 저작인접권으로 보호 받게 되긴 했지만, 음반 보호의 필요성과 관련해서는 본질적인 변화가 있다고 할 수 없으므로 1957년 저작권법상 음반에 관한 저작자가 누구인지는 현행 저작권법상 음반 제작자가 누구인지를 결정하는 것과 동일한 기준이 적용된다고 보면 된다. 그렇다면 1957년 저작권법상 음반에 관한 저작자는 음반의 저작권을 자신에게 귀속시킬 의사로 원저작물을 음반에 녹음하는 과정을 전체적으로 기획하고 책임을 지는 법률상의 주체를 뜻한다고 보는 것이 타당하다.

〈1957년 저작권법에 의한 음반 저작자〉 사건[20]

A는 대중음악을 작사·작곡·편곡·연주하거나 직접 그 음악을 부르는 방법으로 약 45개의 음반을 만드는데 참여한 작사·작곡가 겸 연주가인 가수이고, B회사는 음반 제작과 판매를 목적으로 하는 회사이다. 이 사건 음반의 원반은 모두 1968년 무렵부터 1987.7.1.이전까지 사이에 녹음되어 만들어졌다. 이 사건 음반의 원반에 수록된 악곡은 대부분 A가 직접 작사·작곡·편곡한 것으로서 A가 이 사건 음반의 원반을 녹음할 당시에 A가 구성한 밴드(악단)가 악곡을 직접 연주하거나 A가 직접 노래를 부르는 방법 등으로 원반을 제작하는데 직접 관여하였다.

C는 음반사를 운영하면서 A의 악곡들을 수록하여 녹음한 이 사건 음반의 원반을 만드는 과정에서 A에게 악곡을 연주하여 녹음하는 데 필요한 녹음실을 제공하는 등 원반 제작에 필요한 비용을 모두 부담하였고, 이처럼 만든 원반을 복제하여 음반을 배급하여 판매하였다. C는 이 사건 음반의 원반을 포함하여 제작한 모든 음반의 원반에 대한 복제·배포권을 포함한 저작에 관한 모든 권리를 D에게, D는 (주) E에게, (주) E는 B회사에게 차례로 양도하였다.

이에 A는 이 사건 음반에 대한 복제권·배포권·대여권·전송권 등 저작인접권으로 인정된 모든 권리가 이 사건 음반을 제작한 A에게 귀속된다고 주장하면서, B회사에게는 이 사건 음반에 대한 복제권·배포권·대여권·전송권 등 저작인접권으로 인정된 모든 권리가 존재하지 않는다는 확인을 구했다.

A의 주장

1987. 7. 1. 이전에 제작된 이 사건 음반에 대해서는 1957 년 저작권법에 따른 저작권만 인정될 뿐이고, 현행 저작권 법에서 정하고 있는 저작인접권으로서의 음반 제작자의 권리는 인정되지 않는다.

A는 이 사건 음반에 수록된 모든 악곡을 작사·작곡·편곡하였고, 녹음 과정에서도 A가 구성한 밴드가 그 음반의 악곡을 직접 연주하였으며, 이 사건 음반 가운데 일부에 대하여는 A가 직접 노래를 불렀다. A가 직접 노래를 부르지 않은 악곡도 A가 가수를 선정하여 그 가수에게 맞는 곡을 작사·작곡한 후 이를 부르게 하는 등 음반 제작의 모든 과정을 총괄하여 지휘하였다.

따라서 A가 이 사건 음반에 대한 저작권자로서 복제권·배포권·대여권·전송권(현행법에 정해진 음반 제작자의 지위에서 갖는 권리)을 가진다.

---

20) 대법원 2016. 4. 28. 선고 2013다56167 판결

B회사의 주장

C가 A에게 악곡을 만들게 하였고, C의 비용으로 악곡이 수록된 음반을 기획·제작하여 배급하였으므로 이 사건 음반을 녹음한 제작자는 C이고, C로부터 이 사건 음반의 저작권에 관한 모든 저작재산권을 차례로 양수한 B회사가 이 사건 음반에 관하여 저작재산권자로서 복제권·배포권·대여권·전송권(현행법에 정해진 음반 제작자의 지위에서 갖는 권리와 실질적으로 마찬가지이다)을 가진다.

법원의 판단

1) 1957년 저작권법은 제2조에서 음반·녹음필름을 저작물의 한 종류로 규정하는 한편, 제5조 제1항에서 '타인의 저작물을 그 창작자의 동의를 얻어 번역, 개작 또는 편집한 자는 원 저작자의 권리를 해하지 않는 범위 내에 있어서 이를 본법에 의한 저작자로 본다'라고 규정하고 있고, 같은 조 제2항에서 '본법에서 개작이라 함은 신저작물로 될 수 있는 정도로 원저작물에 수정·증감을 가하거나 또는 다음의 방법에 의하여 변형·복제하는 것을 말한다'라고 규정하면서, 같은 항 제4호에서 변형복제의 하나로 '원저작물을 음반 또는 필름에 사조(寫調)또는 녹음하는 것'을 들고 있다.

여기서 '원저작물을 음반 또는 필름(이하 통칭하여 '음반'이라고 한다)에 사조(寫調)또는 녹음(이하 통칭하여 '녹음'이라 한다)하는 것'은 연술(사상이나 의견을 말로 나타낸 것)이나 음악 등의 소리에 의하여 표현되는 저작물을 음반에 고정하여 재생이 가능하도록 한다는 의미이다.

1957년 저작권법은 원저작물을 음반에 녹음하는 것을 변형복제의 일종으로서 원저작물에 관한 저작권과는 별개의 새로운 저작권의 발생 요건인 개작에 해당한다고 간주함으로써 음반에 수록되는 원저작물이 신저작물로 될 수 있는 정도로 변형된 것인지를 불문하고 녹음 자체를 창작행위로 보았다. 따라서 원저작물을 음반에 녹음한 자는 구 저작권법 제5조 제1항, 제2항의 규정에 의하여 원저작자와는 별개로 새로운 저작자가 된다.

1957년 저작권법에 의한 음반에 관한 저작자는 원저작물의 창작자는 아니지만 그 전달자로서 원저작물의 저작자와 일반 공중 사이를 매개하여 이를 전달·유통시키는 역할을 하였다. 비록 그 이후 저작권법의 개정에 따라 음반제작자의 권리가 저작인접권으로 인정되게 되었다고 하더라도, 원저작물을 음반에 녹음하는 행위의 성격이나 원저작물의 이용을 촉진하기 위하여 음반의 제작·유통을 장려하고 보호할 필요성에 본질적인 변화가 있다고 볼 수는 없다. 그리고 1957년 저작권법이 원저작물을 음반에 녹음하는 것자체를 창작 행위로 간주하고 있었으므로 음반에 관한 저작자가 되기 위하여 반드시 원저작물을 음반에 녹음함에 있어서 음(音)의 표현에 창작적 기여를 할 것이 요구되지는 않는다. 이런 여러 가지를 종합하면, 1957년 저작권법상 음반에 관한 저작자의 결정과 현행 저작권법상 음반 제작자의 결정에 통일적인 기준을 적용할 필요가 있다.

그렇다면 1957년 저작권법상 음반에 관한 저작자는 음반의 저작권을 자신에게 귀속시킬 의사로 원저작물을 음반에 녹음하는 과정을 전체적으로 기획하고 책임을 지는 법률상의 주체를 뜻한다고 보는 것이 타당하고, 이러한 법률상의 주체로서의 행위가 아닌 한 음반의 제작에 있어서 연주·가창 등의 실연이나 이에 대한 연출·지휘 등으로 사실적·기능적 기여를 하는 것만으로는 음반에 관한 저작자가 될 수 없다고 보아야 한다.

한편 1987년 저작권법 부칙 제2조 제2항은 '이 법 시행 전에 종전의 규정에 의하여 공표된 저작물로서 다음 각 호의 1에 해당하는 것은 종전의 규정에 의한다' 라고 규정하면서, 그 제1호에서 '음반 또는 녹음필름' 을 규정하고 있는데, 이 사건 음반은 1987년 저작권법 시행 전에 공표된 것임을 알 수 있기 때문에 이 사건 음반은 구 저작권법에 의하여 저작물로 취급된다.

2) 이 사건 음반에 수록된 음악은 대부분 A가 작사·작곡·편곡한 것으로서 이 사건 음반의 원반을 녹음할 당시 A는 그가 구성한 악단이 음악을 연주하거나 그가 직접 노래를 부르는 등의 방법으로 원반을 제작하는 데 참여하였고, 이 사건 음반 가운데에는 그 표지에 A 작곡집, A 작편곡집 등으로 A를 표시한 것들이 있음을 알 수 있다.

한편, 음반사를 운영하던 C는 ① 이 사건 음반의 원반을 제작하기 위하여 A에게 작사비와 작곡비 가운데 일부를 미리 지급하기도 하고, ② 녹음실을 제3자로부터 직접 임차하고 그 비용을 부담하는 등 원반을 녹음하거나 제작하는 데 필요한 모든 비용을 부담하였으며, ③ 녹음 과정에 참석하여 음악과 관련하여 의견을 밝히기도 하였을 뿐만 아니라, 음반의 녹음이 끝나면 녹음실로부터 원반을 건네받아 엘피(LP, Long Playing Record)음반에 수록되는 음악의 개수나 시간을 맞추기 위하여 녹음된 음악의 전주나 간주 부분 또는 후렴 부분을 잘라내어 조정하는 작업을 하였고, ④ 원반을 소지하면서 판매용 음반을 만들어 음반회사를 통해 판매하였는데, 그 전에 임시로 편집하여 만든 데모 음반을 방송국 피디(PD)나 음반 도매상에게 보여주고 앞으로 판매할 예정인 음반에 대한 평가나 의견을 듣기도 한 사실 등을 알 수 있다.

이와 같이 C가 이 사건 음반을 제작하는 데 있어서 담당한 역할과 관여의 정도 및 A와의 관계, 특히 C가 이 사건 음반의 제작에 소요되는 비용을 전부 부담하였고 제작된 음반의 판매를 자신의 책임 하에 수행한 사정 등을 종합하여 보면, C는 이 사건 음반의 저작권을 자신에게 귀속시킬 의사를 가지고 음반의 제작 과정을 전체적으로 기획하고 책임을 진 법률상의 주체로 볼 수 있다.

반면에 A는 비록 이 사건 음반에 수록된 음악을 대부분 작사·작곡·편곡하고, 그 음악의 연주나 가창 등으로 음반의 제작 과정에 기여를 한 것으로 볼 수 있지만, 이와 같은 행위는 C의 기획과 책임으로 제작된 이 사건 음반의 구체적인 녹음 과정에 있어서 사실적·기능적으로 기여를 한 것에 불과하므로 이를 이 사건 음반의 제작을 전체적으로 기획하고 책임을 지는 법률상의 주체로서의 행위라고 보기에는 부족하다.

또한 A가 C와 함께 이 사건 음반을 전체적으로 기획하고 책임진 것으로 볼만한 사정이 없는 이상 A와 C가 공동으로 이 사건 음반에 관한 저작자가 된다고 볼 수도 없으므로, 이 사건 음반에 관한 저작권의 양도가 A의 동의 없이 이루어졌다는 것을 이유로 이를 무효라고 할 수도 없다.

■ 이 사건 음반에 관한 권리의 존속 기간

1987년 저작권법 부칙 제3조에 의하여, 이 사건 음반에 관한 저작권의 존속 기간은 1957년 저작권법에 의하여 결정되는데, 1957년 저작권법 제30조 제1항과 제39조의 규정에 의하면 이 사건 음반은 저작자가 사망한 다음 해로부터 30년 동안이 보호 기간이므로, 이 사건 음반의 저작자인 C가 2008년 이후 사망한 이상 이 사건 음반에 관한 저작권이 여전히 존속한다.

■ 이 사건 음반에 관한 권리의 양도 효력

이 사건 음반의 저작자인 C는 음반과 별도로 그 음악에 대한 저작권을 가진다고 볼 수 있는 A의 동의 없이도 위 음반에 관한 저작재산권을 자유롭게 양도할 수 있다.

■ 이 사건 음반의 창작성

1957년 저작권법은 원저작물을 재생할 수 있도록 음반에 녹음하는 행위는 그 자체로 원저작물과 다른 창작성이 있는 것으로 간주하였다고 할 것이다. 그러므로 이 사건 음반이 창작성이 없어서 저작물로 성립하지 않기 때문에 그 녹음자를 저작자로 볼 수 없다는 취지의 A의 주장은 받아들일 수 없다.

A가 비록 형식적으로는 저작인접권에 관한 부존재확인을 구하고 있기는 하나, 이 사건 음반에 관한 권리의 법적 성격이 저작인접권으로서의 음반 제작자의 권리가 아니라 저작권임이 명백하므로, A의 진정한 의사는 이 사건 음반에 관하여 법적으로 인정되는 권리인 저작권이 B회사에게 존재하지 아니함의 확인을 구하는 것이라고 보는 것이 합리적이다.

1) 전송권 부분

1957년 저작권법에는 저작권자의 권리로서 전송권이 규정되어 있지 않았지만, 2000. 1. 12. 법률 제6134호로 개정된 저작권법은 제18조의2로 저작권자의 전송권을 신설하였는데, 위 개정 법률이 신설된 전송권에 관하여 소급효(법률이 시행되기 전으로 거슬러 올라가 법률의 효력이나 요건이 생기는 것)를 제한하는 규정을 두고 있지 않다. 그리고 이 사건 음반의 성격상 전송권이 인정될 여지가 없다는 등의 특별한 사정도 없는 이상 위 개정 법률에 따라 이 사건 음반에 관하여도 전송권이 인정된다.

2) 대여권 부분

1957년 저작권법에는 저작권자의 권리로서 대여권이 규정되어 있지 않았다. 1994. 1. 7. 법률 제4717호로 개정되어 1994. 7. 1. 시행된 저작권법은 제43조 제2항에서 판매용 음반에 관하여 저작권자에게 대여권을 인정하는 규정을 신설하였지만, 위 개정 법률 부칙 제2항(대여권에 관한 경과조치)에 '이 법 시행 전에 발행된 저작물이 수록된 판매용 음반의 대여에 관하여는 종전의 규정에 의한다'라고 규정하고 있으므로, 위 부칙 규정에 따라 위 대여권 규정은 1987년 저작권법 시행 전에 공표된 이 사건 음반에 관하여는 적용되지 않는다.

평석

음반 제작자의 권리가 저작인접권으로 인정된 것은 1987년 저작권법에서였고, 그 이전인 1957년 저작권법에서는 음반에 관한 권리를 저작권으로 보호하고 있었다. 한편, 1987년 저작권법 부칙 제2조 제2항에서는 1957년 저작권법에 의해 공표된 음반에 대해서는 계속해서 1957년 저작권법을 따르도록 하고 있다. 따라서 1987년 저작권법이 시행된 1987. 7. 1. 이전에 공표된 음반에 관한 권리는 그 후 저작권법 개정에도 불구하고 저작인접권이 아닌 저작권으로 보호를 받는다.

그러나 1957년 저작권법에 의해 저작권으로 보호 받는 음반에 관한 권리와 1987년 저작권법 이후 저작인접권으로 보호 받는 음반 제작자의 권리에 본질적인 차이는 없으므로, 결국 1957년 저작권법에 의한 음반 저작자의 판단 기준은 1987년 저작권법에 의해 신설되어서 지금까지도 이어져 내려오고 있는 음반 제작자의 판단 기준과 동일하게 보는 것이 타당하다. 다만 음반에 관한 권리를 저작권으로 보호 받는지, 저작인접권으로 보호 받는지 다를 뿐이다.

이러한 점을 고려하여 1957년 저작권법에 의해 공표된 이 사건 음반의 권리자가 누구인지 살펴보면, 이 사건 음반을 전체적으로 기획하고 책임을 진 자는 B회사라고 할 수 있으므로, 당시 B회사가 음반 저작자로서 음반에 관한 저작권자이고, 그러한 B회사 등으로부터 순차적으로 그 저작권을 양수받은 C회사는 적법하게 이 사건 음반에 관한 저작권을 가진다 할 것이다.

그리고 이 사건 음반에 관해 B회사가 가지고 있는 권리는 저작인접권이 아닌 저작권이므로, 그 보호 기간 또한 저작재산권의 보호 기간을 따른다. 그런데 1957년 저작권법상 저작권은 저작자가 사망한 다음 해부터 30년까지 존속하는데 저작자인 C는 2008년 이후에 사망하였으므로, 이 사건 음반의 저작권에 관한 보호 기간은 현재까지 존속하고 있다.

따라서 B회사가 이 사건 음반에 관한 저작권을 가지고 있지 않음을 확인해 달라고 하면서 A가 제기한 이 사건 소송에서는 오히려 B회사가 이 사건 음반의 저작권을 가지고 있다는 것이 확인된 셈이다.

. . . .

음반 제작자는 실연자와는 달리 인격권적인 권리는 없고 재산권적인 권리 즉, ① 복제권, 배포권, 대여권, 전송권과 ② 그 밖의 권리만을 가진다.

음반 제작자의 '그 밖의 권리'로는 ① 방송 사업자의 음반 제작자에 대한 보상 ② 디지털음성 송신사업자의 음반 제작자에 대한 보상 ③ 상업용 음반을 사용하여 공연하는 자의 음반 제작자에 대한 보상이 있다. 먼저 '방송 사업자의 음반 제작자에 대한 보상'은 방송 사업자가 상업용 음반을 사용하여 방송하는 경우에 그 음반 제작자에게 지급하는 상당의 보상금을 의미하고, '디지털음성 송신사업자의 음반 제작자에 대한 보상'은 디지털음성 송신사업자가 음반을 사용하여 송신하는 경우에 그 음반 제작자에게 지급하는 상당의 보상금을 의미하며, '상업용 음반을 사용하여 공연하는 자의 음반 제작자에 대한 보상'은 상업용 음반을 사용하여 공연을 하는 자가 그 음반 제작자에게 지급하는 상당의 보상금을 의미한다.

음반에 수록된 타인의 음악을 이용할 때에는 특별한 사정이 없는 한 그 음악의 저작자 및 저작권자와 해당 음악의 저작인접권자인 실연자(가수, 연주자 등) 및 음반 제작자 모두의 허락이 있어야 한다.

〈편집 앨범 제작자의 음악 이용을 위한 허락〉 사건[21]

A 등은 음반 제작자들에 의해 제작된 원반 등에 수록된 음악의 일부를 발췌하여 '편집 앨범'을 제작하면서, 해당 음악저작권자들로부터는 허락을 받지 않았지만 음반 제작자들로부터는 허락을 받았다. 이에 A 등이 한국음악저작권협회를 상대로 이러한 '편집 앨범'의 제작이 음악저작권자들의 저작권을 침해하지 않는다는 것을 확인하는 소송을 제기한 사안

 A 등의 반박

음악저작권자들이 음반 제작자들에게 음악저작물에 대한 이용 허락을 하면서, 음반 제작자들에게 제3자가 그 음

---

21) 대법원 2006. 7. 4. 선고 2004다10756 판결

악저작물을 이용하는 것을 허락할 수 있거나 그 이용권을 제3자에게 양도할 수 있는 포괄적인 권한까지 부여한 바 있고, 우리나라 음악저작물의 거래 관행상으로도 음악저작물의 저작권자와 음반 제작자 사이에 그와 같은 관행이 있었다.

 법원의 판단

저작권자가 자신의 저작재산권 가운데 복제·배포권의 처분 권한까지 음반 제작자에게 부여하였다거나, 또는 음반 제작자로 하여금 음반 이외에 저작권자의 저작물에 대하여까지 이용 허락을 할 수 있는 권한 내지 저작물의 이용권을 제3자에게 양도할 수 있는 권한을 부여하였다는 등의 특별한 사정이 인정되지 않는 한, 음반 제작자에 의하여 제작된 원반(原盤) 등 수록된 내용 가운데 일부씩을 발췌하여 이른바 '편집 앨범'을 제작하고자 하는 자는 그 음반 제작자의 음반에 대한 이용 허락 이외에 저작권자로부터도 음악저작물에 대한 이용 허락을 얻어야 한다.

A 등이 음악저작권자들이나 그들과 신탁 계약을 맺은 한국음악저작권협회로부터 저작물에 관한 이용 허락을 받지 않은 채 음반 제작자로부터만 이용 허락을 받아 편집 음반을 복제·배포한 것은 이 사건 음악저작물에 대한 한국음악저작권협회의 저작권을 침해하는 행위에 해당한다.

음악 이용과 관련된 예를 몇 가지 더 살펴보자.

> **일반인이 대중음악 A**(저작재산권 보호 기간 경과하지 않았음)**와 클래식 음악 B**(저작재산권 보호 기간 경과하였음)**를 직접 연주한 영상을 인터넷에 올리면 저작권 침해가 아니다??**

1) 저작권 침해 여부

대중음악 A의 경우에는 아직 저작재산권 보호 기간이 경과하지 않았으므로 여전히 저작권이 살아 있다. 그럼에도 불구하고 작곡가의 허락 없이 그 곡을 연주하는 영상을 촬영한 후 이를 인터넷에 올리는 것은 작곡가의 복제권과 공중송신권을 침해하는 행위에 해당한다.

반면, 클래식 음악 B의 경우에는 이미 저작재산권의 보호 기간이 경과하였으므로 저작권 침해 문제는 발생하지 않는다.

2) 저작인접권 침해 여부

이 경우는 음반이나 음원을 그대로 인터넷에 올린 것이 아니라, 음악을 자신이 연주하여 그 연주 영상을 인터넷에 올린 것이므로, 저작인접권자의 권리에 대한 침해는 발생하지 않는다.

> 가수 A의 허락만 받으면 자신이 촬영한 그 가수의 콘서트 영
> 상을 업로드해도 저작권 침해가 아니다??

1) 저작권 침해 여부

가수 A가 콘서트에서 부른 노래의 저작권자가 아닌 이상,
비록 가수 A의 허락을 받아 촬영했다 해도 해당 음악저작
권자로부터 허락을 받은 것은 아니므로, 이러한 경우는 그
음악저작권자의 복제권 및 공중송신권을 침해하게 된다.

2) 저작인접권 침해 여부

가수 A는 음악 관련 저작인접권자이긴 하지만, 연주자 또
한 저작인접권자에 해당한다. 따라서 비록 가수 A로부터
그의 실연에 관한 촬영 허락을 받았다 하더라도, 실연자인
연주자로부터는 별도의 허락을 받지 않았으므로, 이러한
경우는 연주자의 저작인접권 가운데 복제권과 전송권을
침해한 것이 된다.

한편, 만일 가수 A가 콘서트 실연 내용에 관한 촬영 즉,
실연의 복제에 대해서만 허락을 하였을 뿐, 이를 인터넷에
업로드하는 것까지 허락한 것이 아니라면, 이러한 경우 실
연자인 가수 A의 저작인접권 가운데 전송권 역시 침해할
수 있게 된다.

타인이 연주한 클래식 음악 A(저작재산권 보호 기간 경과하였음)를 인터넷에 올리면 저작권 침해가 아니다??

1) 저작권 침해 여부

클래식 음악 A는 이미 그 저작재산권의 보호 기간이 경과하였으므로, 침해 당할 어떠한 저작재산권도 없다.

2) 저작인접권 침해 여부

비록 클래식 음악 A가 그 저작재산권의 보호 기간이 경과하였더라도, 그러한 클래식 음악을 연주하는 경우에는 그 연주에 관해 저작인접권이 발생한다. 따라서 그 연주자의 허락 없이 연주 음악을 복제하여 이를 인터넷에 올리는 것은 연주자의 저작인접권 가운데 복제권과 전송권을 침해하는 행위에 해당한다.

3

음악 관련
신탁 단체들

음악 관련 신탁 단체는 음악 권리자들을 위하여 그들의 저작재산권 등을 신탁 받아 관리하는 업무를 수행한다. 이러한 신탁 관리의 법적 성질은 신탁법상의 신탁에 해당되어 저작재산권 등의 권리가 신탁 단체에게 완전히 이전된다. 따라서 신탁 단체는 저작재산권 등에 대하여 소 제기의 권한을 포함한 모든 관리 처분권을 가지게 되므로, 타인이 저작재산권 등을 침해하는 경우 신탁 단체는 자신의 이름으로 형사 고소를 하거나 소송을 제기할 수 있다.

다만, 신탁 관리의 대상이 되는 권리는 저작재산권 등 재산적인 권리에 한하고, 저작인격권 등 인격적인 권리는 그것의 일신전속성(주체와의 관계가 매우 긴밀하여 다른 사람에게 귀속될 수 없는 성질) 때문에 신탁 관리의 대상이 될 수 없다. 따라서 이는 개별 권리자들이 직접 관리해야 한다.

신탁 관리단체는 권리자들로부터 저작재산권 등을 수탁 받아 이를 지속적으로 관리하면서 이용자들에게 사용료를 징수하여 일정 수수료를 공제한 후 그 나머지를 권리자들에게 배분한다.

음악저작권자를 위하여 설립된 신탁 단체로는 사단법인 한국음악저작권협회와 사단법인 함께하는 음악저작인협회가 있고, 실연자를 위하여 설립된 신탁 단체로는 한국음악실연자연협회가 있으며, 음반 제작자를 위하여 설립된 신탁 단체로는 한국음반산업협회가 있다.

따라서 음악저작물을 이용하기 위해서는 해당 음악저작물이 위와 같은 신탁 단체에 신탁된 경우에는 위 단체들로부터 각각 이용 허락을 받아야 하고, 해당 음악저작물이 위 신탁 단체에 신탁되지 않은 경우에는 개별 저작권자, 개별 실연자 및 개별 음반 제작자로부터 각각 허락을 받아야 한다.

다만, 권리자들과 신탁 단체 사이의 신탁 계약이 종료가 되는 경우에는, 신탁되어 있던 권리는 권리자들에게 도로 이전되기 때문에, 음악저작물 이용자는 그 이후의 음악저작물 이용을 위해서는 개별 권리자들의 허락을 받아야만 한다.

〈신탁 종료 후 기존 신탁 단체 허락의 효력〉 사건[22]

음악저작권자 A와 한국음악저작권협회 사이의 신탁 계약이
종료되었다. 그럼에도 불구하고 B회사가 계속해서 A의 음악
을 노래반주기와 노래반주기용 DVD 타이틀 제조에 이용했다
는 이유로, A가 저작권 침해에 따른 손해배상을 청구한 사안

 법원의 판단

A와 한국음악저작권협회 사이의 신탁 계약이 종료되어 음
악 저작권이 A에게 도로 이전된 이상, B회사는 A가 한국
음악저작권협회의 이용 허락을 A가 승계하기로 하는 등의
특별한 사정이 없는 한, 그 이후 A의 음악을 노래반주기와
노래반주기 DVD 타이틀 제조에 이용하는 것은 비록 한
국음악저작권협회와의 기존 이용 허락 계약이 있다고 하더
라도 A의 저작권을 침해하는 행위에 해당한다.

22) 대법원 2015. 4. 9. 선고 2011다101148 판결

최근 개정된
음악 관련
주요 규정들

서설

백화점이나 대형마트 등 사람들이 많이 오가는 장소에 가면 거의 모든 곳에서 음악을 들을 수 있다. 저작물 또는 실연·음반·방송을 상연·연주·가창·구연·낭독·상영·재생 그 밖의 방법으로 공중에게 공개하는 것은 공연에 해당하기 때문에(저작권법 제2조 제3호), 백화점 등에서 음악을 트는 것도 공연이라고 할 수 있다.

이러한 공연과 관련해서는 원칙적으로 음악 관련 권리자들에게 그 공연에 따른 사용료 또는 보상금을 지급하여야 한다. 그러나 일정한 경우에는 공연 사용료 등을 지급하지 않고도 공연이 가능한 경우가 있다.

최근 저작권법이 개정되기 전에는 판매용 음반을 트는 경우가 그러했다. 물론 판매용 음반을 트는 모든 경우는 아니고 소규모 영업장 등에서의 공연만 예외적으로 공연 사용료 등을 지급하지 않을 수 있었다.

그런데 구 저작권법에는 판매용 음반에 관한 별도의 정의가 없었다. 그러다 보니 음악을 틀 때 사용되는 디지털 음원이 판매용 음반에 포함되는지, 그리고 판매용 음반의 의미와 관련하여 그것이 시중에 판매할 목적으로 제작된 음반만을 의미하는 것인지 아니면 불특정 다수인에게 판매할 목적으로 제작된 음반뿐만 아니라 어떠한 형태로든 판매를 통해 거래에 제공된 음반까지 포함하는 개념인지 등 음반의 범위와 판매용 음반의 의미를 두고 시장에서 혼란이 야기되기 시작했다.

즉, 판매용 음반에 해당하는지 해당하지 않는지에 따라 판매용 음반을 사용하여 공연하는 자가 공연 사용료를 음악저작권자에게 지급해야 할 수도 있고 하지 않을 수도 있고, 또 실연자와 음반 제작자에게 공연 보상금을 지급해야 할 수도 있고 하지 않을 수도 있기 때문에, 음반의 범위와 판매용 음반의 범위가 중요한 화두로 떠올랐던 것이다.

판매용 음반의 의미를 둘러싸고
벌어진 분쟁들

판매용 음반의 해석을 놓고 기존에 세 개의 대법원 판례가 있었다. 그런데 이러한 엇갈린 대법원 판결로 인해 혼란은 더욱 가중되었고, 이에 판매용 음반 및 이와 관련된 저작권법 개정이 이루어지게 되었다.

먼저 판매용 음반의 해석과 관련된 위의 엇갈린 세 가지 판례에 대해 먼저 살펴보도록 하겠다.

〈스타벅스〉 사건[23]

스타벅스 국내지사인 A회사는 스타벅스 본사와 계약을 체결한 B회사로부터 배경 음악이 담긴 CD와 CD 플레이어를 구매하여 국내 매장에서 한국음악저작권협회가 관리하는 음악을 재생하는 방법으로 공연을 하였다. 이에 한국음악저작권협회가 자신이 공연권을 가지고 있는 음악들을 매장에서 무단으로 공연하고 있다는 이유로 A회사를 상대로 그 공연을 금지하는 청구 등을 한 사안

커피 매장에서 위와 같은 방법으로 음악을 공연하는 것은
저작권법 제29조(개정 전 저작권법 제29조를 의미함)에 따라 청중이
나 관중으로부터 당해 공연에 대한 반대급부를 받지 않고
판매용 음반을 재생하여 공중에게 공연한 경우에 해당하
므로, 이는 한국음악저작권협회의 공연권을 침해한 것이
아니다.

 법원의 판단

저작권법 제29조 제2항은 당해 공연에 대한 반대 급부를
받지 않는 경우라고 해도 비영리 목적을 요건으로 하지 않
고 있다면, 비록 공중이 저작물의 이용을 통해 문화적 혜
택을 향수하도록 할 공공의 필요가 있는 경우라도 자칫 저
작권자의 정당한 이익을 부당하게 해할 염려가 있다고 하
므로, 저작권법 제29조 제2항의 규정에 따라 저작물의 자
유 이용이 허용되는 조건은 엄격하게 해석할 필요가 있다.

한편, 저작권법 제29조 제2항이 위와 같이 판매용 음반을
재생하여 공중에게 공연하는 행위에 관하여 아무런 보상
없이 저작권자의 공연권을 제한하는 취지의 근저에는 음

---

23) 대법원 2012. 5. 10. 선고 2010다87474 판결

반의 재생에 의한 공연으로 그 음반이 시중의 소비자들에게 널리 알려짐으로써 당해 음반의 판매량이 증가하게 되고 그에 따라 음반 제작자는 물론 음반의 복제·배포에 필연적으로 수반되는 당해 음반에 수록된 저작물의 이용을 허락할 권능을 가지는 저작권자 또한 간접적인 이익을 얻게 된다는 점도 고려되었을 것이다.

따라서 이러한 규정의 내용과 취지 등에 비추어 보면, 위 규정에서 말하는 판매용 음반이라 함은 그와 같이 시중에 판매할 목적으로 제작된 음반을 의미라는 것으로 제한하여 해석함이 상당하다.

그런데 이 사건 CD는 스타벅스 본사의 주문에 따라 A회사 등 세계 각국의 스타벅스 지사에게만 공급하기 위하여 제작된 불대체물일 뿐 시중에 판매할 목적으로 제작된 것이 아니므로, 저작권법 제29조 제2항에서 정한 판매용 음반에 해당하지 않는다.

따라서 A회사가 이 사건 CD를 재생하여 한국음악저작권협회가 관리하는 음악저작물을 공연하는 행위는 한국음악저작권협회의 공연권을 침해하는 행위에 해당한다.

스타벅스 매장이 구 저작권법 제29조 제2항 단서의 대통령령에서 정하고 있는 영업장(판매용 음반에 의한 공연인지 여부와 무관하게 음악 공연을 위해서 해당 음악저작권자의 허락을 받아야 하는 영업장)에는 해당하지 않기 때문에, 그 매장에서 판매용 음반을 틀었다면 공연권 침해가 되지 않았겠지만, 스타벅스 매장에서 틀었던 이 사건 CD는 판매용 음반에 해당하지 않기 때문에 구 저작권법 제29조 제2항 본문이 적용되지 않게 된다. 결과적으로 해당 음악에 관한 공연권을 가지고 있는 한국음악저작권협회의 허락 없이 이루어진 공연은 한국음악저작권협회의 공연권 침해에 해당한다는 판단이 내려진 것이다.

이와 같이 일명 〈스타벅스〉 사건에서 대법원은 스타벅스 본사가 세계 각국의 스타벅스 지사에 공급하는 음악 CD는 시중에 판매할 목적으로 제작된 것이 아니라는 이유로 판매용 음반에 해당하지 않는다고 판단하였다. 그래서 위 CD에 들어 있는 음악으로서 한국음악저작권협회가 관리하는 음악을 스타벅스 커피 매장에서 트는 행위는 저작권법 제29조 제2항이 적용되지 않게 되는 것이다.

따라서 스타벅스 측에서는 한국음악저작권협회가 관리하는 음악들을 스타벅스 커피 매장에서 공연하려면 해당 음악에 대해 공연권을 가지고 있는 한국음악저작권협회의 허락을 받아야만 했다. 그런데 스타벅스 측에서는 한국음악저작권협회의 허락 없이 무단으로 협회가 관리하는 음악을 커피 매장에서 공연하였으므로, 이는 한국음악저작권협회의 공연권을 침해하는 행위에 해당한다는 것이 위 대법원 판결의 태도이다.

. . . .

그런데 그 후 판매용 음반을 사용하여 공연하는 자로 하여금 그 실연자나 음반 제작자에게 상당한 보상금을 지급하도록 규정한 저작권법 제769조의 제1항 및 제83조의2 제1항과 관련된 사건에서 대법원은 판매용 음반의 의미를 위 '스타벅스' 사건에서와는 다르게 해석했다.

〈현대백화점〉 사건[24]

현대백화점은 A뮤직으로부터 판매용 음반에 수록된 음원을 디지털 파일로 변환한 디지털 음원을 디지털음성 송신으로 받아 백화점 매장에서 공연하였다. 이에 한국음악실연자연협회와 한국음반산업협회가 현대백화점을 상대로 공연 보상금 지급을 청구한 사안

---

24) 대법원 2015. 12. 10. 선고 2013다219616 판결

저작권법 제76조의2와 제83조의2에 의하면, 판매용 음반을 사용하여 공연을 하는 자는 해당 실연자와 음반 제작자에게 상당한 보상금을 지급하여야 하고, 판매용 음반을 사용한 공연에는 판매용 음반을 물리적으로 직접 재생하는 경우뿐만 아니라 판매용 음반에 수록된 음원을 디지털로 변환한 음악 파일을 사용한 공연도 포함된다고 보아야 할 것인바, 현대백화점은 A뮤직으로부터 판매용 음반에 수록된 음원을 디지털 파일로 변환한 디지털 음원을 디지털음성송신으로 받아 백화점 매장에서 공연을 하였고, 이는 판매용 음반을 사용하여 공연한 것이므로 한국음악실연자연합회 등에게 상당한 보상금을 지급할 의무가 있다.

 법원의 판단

1) 저작권법 제76조의2 제1항 및 제83조의2 제1항에 규정된 판매용 음반의 의미

저작권법 제76조의2 제1항 및 제83조의2 제1항은 판매용 음반을 사용하여 공연하는 자는 상당한 보상금을 해당 실연자나 음반 제작자에게 지급하도록 규정하고 있다. 이와 같이 실연자와 음반 제작자에게 판매용 음반의 공연에 대한 보상청구권을 인정하는 것은, 판매된 음반이 통상적으로 예정하고 있는 사용 범위를 초과하여 공연에 사용되는 경우 그로 인하여 실연자의 실연 기회 및 음반 제작자의 음반판매 기회가 부당하게 상실될 우려가 있으므로 그 부분을 보상해 주고자 하는 데에 그 목적이 있다.

이러한 규정의 내용과 취지 등에 비추어 보면, 위 각 규정에서 말하는 판매용 음반에는 불특정 다수인에게 판매할 목적으로 제작된 음반뿐만 아니라 어떠한 형태로든 판매를 통해 거래에 제공된 음반이 모두 포함된다고 해석하는 것이 타당하다.

① A뮤직은 음반 제작자들로부터 디지털 음원을 받아 이를 음원 데이터베이스(DB)에 저장·관리하면서 필요할 때마다 음원을 추출하여 사용하였고, ② 현대백화점은 A뮤직에 매월 매장 음악 서비스 이용료를 지급하고, A뮤직으로부터 인증 받은 컴퓨터에 소프트웨어를 다운로드한 후 A뮤직이 제공한 웹페이지에 접속하여 아이디와 패스워드를 입력한 다음 A뮤직이 스트리밍 방식으로 전송하는 음악을 실시간으로 매장에 틀어 놓았으며, ③ A뮤직은 현대백화점으로부터 받은 위 매장 음악 서비스 이용료의 일부를 한국음악실연자연합회 등에게 디지털음성송신 보상금이라는 명목으로 다시 지급하였고, ④ 그런데 위 디지털음성송신 보상금에 공연 보상금은 포함되어 있지 않았다.

이러한 점들로 비추어 볼 때, A뮤직이 디지털음성송신 보상금을 지급하고 음반 제작자로부터 받은 디지털 음원은 저작권법 제76조의2 제1항 및 제83조의2 제1항의 판매용 음반에 해당한다.

2) 디지털 음원을 제공받아 이를 스트리밍 방식 등으로 공연하는 것이 판매용 음반의 '사용'에 해당하는지 여부

사용에는 판매용 음반을 직접 재생하는 직접 사용뿐만 아니라, 판매용 음반을 스트리밍 등의 방식을 통하여 재생하는 간접 사용도 포함된다.

따라서 현대백화점이 디지털 음원을 A뮤직으로부터 제공받고 스트리밍 방식을 통하여 매장에 틀어 놓아 간접 사용한 행위는 판매용 음반을 사용하여 공연한 행위에 해당한다.

저작인접권인 실연자 및 음반 제작자의 권리에 대해서도 구 저작권법 제29조 제2항이 준용되기 때문에, 소규모 영업장에서 판매용 음반의 사용에 해당하는 디지털 음원을 사용하여 음악을 틀었다면 한국음악실연자연합회와 한국음반산업협회에게 별도의 공연 보상금을 지급할 필요가 없었겠지만, 현대백화점은 구 저작권법 제29조 제2항 단서에 따라 시행령 제11조에서 정하고 있는 영업장에 해당하기 때문에 애초에 구 저작권법 제29조 제2항 본문의 적용 대상자가 아니었다.

따라서 현대백화점의 입장에서는 위 디지털 음원이 저작권법 제76조의2 제1항 및 제83조의2 제1항의 판매용 음반이 아니라고 주장할 수밖에 없었는데, 이에 대해서 대법원은 위 디지털 음원은 판매용 음반에 해당한다고 하여 현대백화점에게 한국음악실연자연합회 등에게 공연 보상금을 지급하도록 하는 판결을 내렸던 것이다.

. . . .

이와 같이 일명 〈현대백화점〉 사건에서 대법원은 저작권법 제29조 제2항의 판매용 음반의 의미와는 달리 저작권법 제76조의2 제1항 및 제83조의2 제1항의 판매용 음반에는 불특정 다수인에게 판매할 목적으로 제작된 음반뿐만 아니라 어떠한 형태로든 판매를 통해 거래에 제공된 음반이 모두 포함된다고 판단하였다.

이는 판매된 음반이 통상적으로 예정하고 있는 사용 범위를 초과하여 공연에 사용되는 경우에는 그로 인하여 실연자의 실연 기회 및 음반 제작자의 음반판매 기회가 부당하게 상실될 우려가 있기 때문에 그 부분을 보상해 주기 위해 실연자와 음반 제작자에게 판매용 음반의 공연에 대한 보상청구권을 인정하는 것이라고 대법원은 밝히고 있다.

그리고 이 사건의 항소심 법원도 이와 관련하여 "저작권법 제76조의2 및 제82조의2와 저작권법 제29조 제2항의 판매용 음반의 해석을 달리 한다고 하여 곧바로 저작권자와 저작인접권자의 이해관계가 대립되거나 모순되지 않으며, 오히려 저작권법 제76조의2 및 제82조의2의 판매용 음반의 범위를 저작권법 제29조 제2항과 동일하게 시판용 음반으로 해석할 경우, 시판용 음반이 아닌 음반을 이용한 하나의 공연 행위에 대하여 저작권자는 권리 행사를 할 수 있지만, 저작인접권자는 권리 행사를 할 수 없게 되는데, 입법자가 이러한 모순된 결과를 의도하였다고 보기는 극히 의심스럽다"라고 판시했다.

그리고 다시, "시중에 판매하기 위한 것이 아니라 특정 범위의 사용자들에게 제공되거나 또는 특정 목적으로만 사

용하기 위해 판매된 음반 등을 사용하여 공연하는 경우에
도 그 음반이 통상적으로 예정하고 있는 사용 범위를 초
과하게 되면, 실연자와 음반 제작자가 그 실연 또는 음반
판매의 기회를 상실하는 불이익을 입게 되는 것에는 아무
런 차이가 없다. 또 저작인접권자가 음반의 제작 용도, 판
매 대상, 목적을 한정함으로써 그 이용 범위가 특별히 더
제한된 상태에서 판매된 음반을 사용한 공연은 그 예정한
사용 범위를 더 크게 초과하는 것임에도 이러한 공연에 대
해 오히려 보상청구권을 부정하는 것은 권리자의 의사를
왜곡할 우려가 있다"[25]라고 판시함으로써, 저작권법 제29
조 제2항의 판매용 음반과 저작권법 제76조의2 및 제82조
의2의 판매용 음반의 의미를 달리 보는 것이 오히려 입법
자의 의도에 부합하는 것이라고 판단하였다.

그런데 그 후 대법원은 일명 〈하이마트〉 사건에서 저작권
법 제29조 제2항에서 규정하고 있는 판매용 음반의 의미
를 〈스타벅스〉 사건에서와 동일하게 '시중에서 판매할 목
적으로 제작된 음반'으로 해석하였다.

---

25) 서울고등법원 2013. 11. 28. 선고 2013나2007545 판결

〈하이마트〉 사건²⁶⁾

하이마트는 매장 면적이 3,000㎡ 미만인 매장(이하 '이 사건 매장' 이라고 함)에서 한국음악저작권협회의 허락 없이 협회가 신탁·관리하는 음악저작물(이하 '이 사건 음악' 이라고 함)을 공연하고 있었다. 이에 한국음악저작권협회가 하이마트를 상대로 소매업자에 대한 공연 사용료 징수 규정에 기초하여 이 사건 음악 공연에 관한 공연 사용료를 청구한 사안

 하이마트의 반박

1) 저작권법 제105조 제5항에서는 저작권위탁관리업자가 이용자로부터 받는 사용료의 요율 또는 금액은 문화체육관광부 장관의 승인을 얻어 정하도록 규정하고 있는데, 현재 매장 면적이 3,000㎡ 미만인 이 사건 매장에 대하여는 문화체육관광부 장관의 승인을 받은 징수 규정이 존재하지 않으므로, 한국음악저작권협회에게 공연권 침해로 인한 손해가 발생하였다고 볼 수 없다.

---

26) 대법원 2016. 8. 24. 선고 2016다204653 판결

2) 저작권법 제29조 제2항 본문에서는 청중이나 관중으로부터 당해 공연에 대한 반대급부를 받지 아니하는 경우에는 판매용 음반을 재생하여 공중에게 공연할 수 있도록 정하고 있는데, 이 사건 음악은 판매용 음반에 해당하고, 이 사건 매장은 3,000㎡ 미만의 점포로서 위 조항 단서에서 정하고 있는 예외의 경우에 해당하지도 않으므로, 하이마트는 한국음악저작권협회에게 공연 사용료를 지급할 의무가 없다.

 법원의 판단

1) 문화체육관광부 장관의 승인을 받은 징수 규정이 없는 경우에도, 저작물 무단 사용에 대한 손해배상을 청구할 수 있는지 여부(O)

저작권법 제105조 제5항은 저작권위탁관리업자의 사용료 징수를 통제하기 위하여 '저작권위탁관리업자가 이용자로부터 받는 사용료의 요율 또는 금액은 저작권위탁관리업자가 문화체육관광부 장관의 승인을 얻어 이를 정한다'고 규정하고 있다.

위 규정의 입법 취지와 문언 내용에 비추어 보면, 위 규정은 저작권위탁관리업자가 저작물 이용자들과 이용 계약을 체결하고 그 계약에 따라 사용료를 지급 받는 경우에 적용되는 규정일 뿐, 저작권위탁관리업자가 법원에 저작권 침해를 원인으로 민사소송을 제기하여 그 손해배상을 청구하는 행위를 제한하는 규정이라고 해석되지 않는다.

따라서 설령 위 규정에 따라 승인 받은 사용료의 요율 또는 금액이 없다고 하더라도 저작권 침해를 원인으로 한 손해배상청구권을 행사하는 데 아무런 장애가 되지 않는다.

2) 저작권법 제29조 제2항 본문의 판매용 음반의 의미

저작권법 제29조 제2항은 당해 공연에 대한 반대급부를 받지 않는 경우라면 비영리 목적을 요건으로 하지 않고 있어, 비록 공중이 저작물의 이용을 통해 문화적 혜택을 향수하도록 할 공공의 필요가 있는 경우라도 자칫 저작권자의 정당한 이익을 부당하게 해할 염려가 있으므로, 위 저작권법 제29조 제2항의 규정에 따라 저작물의 자유 이용이 허용되는 조건은 엄격하게 해석할 필요가 있다.

한편, 저작권법 제29조 제2항이 위와 같이 판매용 음반을 재생하여 공중에게 공연하는 행위에 관하여 아무런 보상 없이 저작권자의 공연권을 제한하는 취지의 근저에는 음반의 재생에 의한 공연으로 그 음반이 시중의 소비자들에게 널리 알려짐으로써 당해 음반의 판매량이 증가하게 되고 그에 따라 음반 제작자는 물론 음반의 복제·배포에 필연적으로 수반되는 당해 음반에 수록된 저작물의 이용을

131

허락할 권능을 가지는 저작권자 또한 간접적인 이익을 얻게 된다는 점도 고려되었을 것이다.

따라서 이러한 규정의 내용과 취지 등에 비추어 보면, 위 규정에서 말하는 판매용 음반이라 함은 그와 같이 시중에 판매할 목적으로 제작된 음반을 의미라는 것으로 제한하여 해석함이 상당하다.

이러한 점에 비추어 볼 때, 매장 음악 서비스 제공업체들이 하이마트의 매장들에 전송한 이 사건 음악 음원들은 '시중에 판매할 목적으로 제작된 음반'에 해당한다고 볼 수 없다.

3) 결 론

따라서 하이마트는 고의 또는 적어도 과실로 하이마트의 매장들에서 한국음악저작권협회의 이용 허락 없이 이 사건 음악들을 공연함으로써 그 공연권을 침해하였으므로, 이로 인하여 한국음악저작권협회가 입은 손해를 배상할 책임이 있다.

하이마트 매장이 구 저작권법 제29조 제2항 단서에 따라 시행령 제11조에서 정하고 있는 영업장에는 해당하지 않기 때문에, 그 매장에서 판매용 음반을 틀었다면 공연권 침해가 되지 않았겠지만, 하이마트 매장에서 틀었던 이 사건 음악 음원들은 판매용 음반에 해당하지 않기 때문에 구 저작권법 제29조 제2항 본문이 적용되지 않았다. 따라서 결과적으로 하이마트 매장에서의 공연은 해당 음악에 대해 공연권을 가지고 있는 한국음악저작권협회의 허락 없이 이루어진 공연이므로, 이는 한국음악저작권협회의 공연권 침해에 해당한다는 판단이 내려진 것이다.

. . . .

이상과 같이, 저작권법에서 규정하고 있는 판매용 음반의 의미를 놓고 대법원은 저작권법 제29조 제2항 본문의 판매용 음반은 '시중에 판매할 목적으로 제작된 음반'이라고 해석했고, 저작권법 제76조의2 제1항 및 제83조의2 제1항의 판매용 음반은 '불특정 다수인에게 판매할 목적으로 제작된 음반뿐만 아니라 어떠한 형태로든 판매를 통해 거래에 제공된 음반'이라고 해석했다. 그리고 이와 같이 해석하는 것이 입법자의 입법 의도에도 부합한다는 것이 대법원의 태도였다.

그런데 동일한 문언의 판매용 음반을 입법자의 의도에 따라 다르게 해석해야 한다는 것은 저작권법을 준수해야만 하는 일반인들의 입장에서는 쉽게 납득하기가 어려운 일이었다. 이에 이러한 문제점을 해소하기 위하여 2016. 3. 22. 이와 관련된 저작권법 개정이 이루어지게 되었다.

I 3 I
판매용 음반 등 음악과 관련된
개정 저작권법 규정들

1 음반의 정의 개정

구 저작권법에서 음반을 '음(음성·음향을 말한다. 이하 같다)이 유형물에 고정된 것(음이 영상과 함께 고정된 것을 제외한다)을 말한다'라고 정의하고 있던 것(저작권법 제2조 제5호)을 개정 저작권법에서는 음반의 범위에 디지털 음원을 포함시켰다. 이는 음악 산업이 유형의 매체 구매에서 다운로드, 스트리밍 서비스로 재편되었다는 점을 고려한 결과다.[27]

2 판매용 음반을 상업용 음반으로 개정

판매용 음반에 관한 대법원의 엇갈린 판결로 인해 논란이 되었던 것을 입법적으로 해결하기 위해 구 저작권법에 규정되어 있던 판매용 음반이라는 문구를 모두 상업적 목적으로 공표된 음반 즉, 상업용 음반으로 개정하였다.

---

27) 상업용 음반 바로알기 해설서(문화체육관광부, 한국저작권위원회)

1) 상업적 목적으로 공표된 음반

여기서 '상업적 목적'이란 '공중에게 음반을 판매의 방법으로 거래에 제공하거나 해당 음반의 판매와 관련된 간접적 이익을 얻고자 의도하는 것'을 말하고, 여기서 '간접적 이익'이란 '음반의 광고·홍보 등을 통해 음반 자체의 판매를 촉진시켜 얻을 수 있는 이익'을 말한다. 예를 들어, ① 음반 홍보를 위해 무료로 CD를 배포하는 경우, 음반 자체의 판매 촉진을 위한 간접적인 이익을 추구하고 있는 것이기 때문에 이는 상업적 목적이 있는 경우에 해당하지만 ② 기업의 홍보 상품 판매 촉진을 위해 자체 제작한 곡을 매장에서 트는 경우, 음반 자체에 대한 이익을 얻을 목적이 없기 때문에 이는 상업적 목적이 있는 경우에 해당하지 않는다.[28]

한편, '공표'란 저작권법 제2조 제25호에 따르면 '저작물을 공연, 공중송신 또는 전시 그 밖의 방법으로 공중에게 공개하는 경우와 저작물을 발행하는 경우'를 말한다.

마지막으로 '음반'의 의미와 관련해서는 앞서 살펴본 바와 같이 디지털 음원을 포함한 CD 등 매체를 불문하고 음이 유형물에 고정된 것을 의미한다.

---

28) 상업용 음반 바로알기 해설서(문화체육관광부, 한국저작권위원회)

따라서 '상업적 목적으로 공표된 음반'이란 '공중에게 음반을 판매의 방법으로 거래에 제공하거나 해당 음반의 판매와 관련된 간접적인 이익을 얻을 목적으로 공표된 음반'이라고 할 수 있다.[29]

2) 상업용 음반과 비상업용 음반의 구체적인 예시

이와 관련해서는 문화체육관광부와 한국저작권위원회가 공동으로 발간한 《상업용 음반 바로알기》 해설서를 참조하기 바란다. 이 해설서는 문화체육관광부 홈페이지의 알림·소식 → 보도 자료에서 상업용 음반 바로 알기를 검색하면 된다.

3) 판매용 음반에서 상업용 음반으로의 개정 효과 및 변화

앞서 본 바와 같이, 구 저작권법 제29조 제2항 본문 및 기존 대법원 판례에 따르면, 호프집, 치킨집, 김밥집 등 소규모 영업장에서 판매용 음반 즉, 시중에 판매할 목적으로 제작된 음반인 경우에만 권리자들(저작권자 및 저작인접권자[30])의 허락 없이 음악을 틀 수 있었으나, 판매용 음반이 '상업용 음반'으로 개정됨에 따라 시중에서 판매할 목적으로 제작된 음반이 아니더라도 상업적 목적으로 공표된 음반이기

---

29) 상업용 음반 바로 알기 해설서(문화체육관광부, 한국저작권위원회)

만 하면 이 또한 권리자들의 허락 없이 해당 음악을 틀 수 있게 되었다. 또한 이번 개정 저작권법에서는 디지털 음원도 음반의 개념에 포함시키고 있기 때문에 디지털 음원이 상업용 음반에 해당한다면 소규모 영업장에서는 이러한 디지털 음원도 권리자들의 허락 없이 틀 수 있게 되었다.

다만, 앞서 본 현대백화점 등과 같이 저작권법 제29조 제2항 단서에 따라 시행령 제11조에서 정하고 있는 영업장의 경우에는 같은 항 본문 규정의 적용 대상이 아니기 때문에 상업용 음반을 사용하여 공연하더라도, 원칙대로 권리자들에게 공연 사용료 및 공연 보상금을 지급해야 한다.

따라서 백화점이나 대형마트 등 저작권법 제29조 제2항 단서에 따라 시행령 제11조에서 정하고 있는 영업장의 경우에는 판매용 음반이 상업용 음반으로 개정된 것과는 무관하게 상업용 음반을 틀어서 공연하는 경우라면 기존과 같이 공연 사용료 및 공연 보상금을 권리자들에게 지급하여야 한다.

---

30) 저작인접권인 실연자의 권리와 음반 제작자의 권리에 관해서도 저작권법 제29조 제2항이 준용되기 때문에, 저작권자뿐만 아니라 저작인접권자인 실연자와 음반 제작자의 허락 없이도 소규모 영업장에서는 '상업용 음반'을 틀 수 있다.

통합 징수 단체에 의한 공연 사용료·보상금 징수

앞서 본 바와 같이, 저작권법 제29조 제2항 단서에 따른 시행령 제11조에서 정하고 있는 영업장의 경우에는 상업용 음반을 공연하는지 여부와는 무관하게 해당 영업장에서 음악을 공연하게 되면 공연 사용료와 공연 보상금을 해당 권리자들에게 지급하여야 한다. 한편, 최근에는 위 시행령 제11조 개정을 통해 프랜차이즈형 매장들까지도 공연 사용료 및 공연 보상금 지급 영업장에 포함시키려고 하고 있기 때문에 앞으로는 음악 공연에 관한 공연 사용료 및 공연 보상금 지급 업체들이 상당히 늘어날 것으로 예상된다.

이에 개정 저작권법은 문화체육관광부가 음악을 사용하여 공연을 하는 자들이 음악을 사용함에 있어서 그 이용의 편의를 위하여 음악 관련 권리자들로부터 권리를 위탁받아 그들의 공연 사용료 및 공연 보상금을 일괄적으로 징수할 수 있는 통합 징수 단체를 지정할 수 있는 법적 근거를 마련하였다(저작권법 제106조 제3항 등).

이로 인해 앞으로는 음악을 사용하여 공연하는 영업장에서는 기존에 음악 관련 신탁 단체들로부터 각각 그 이용 허락을 받지 않고 위 통합 징수 단체를 통하여 일괄적으로 음악 이용에 관한 허락을 받을 수 있게 되었다.

PART

04

音악 공연과
저작권자의
허락 범위

음악을 공연하기 위해서는 해당 음악의 권리자들이 누구인지 그리고 그 음악의 사용허락범위가 어디까지인지를 명확히 확인하여야 한다. 먼저 음악과 관련된 권리자들로는 음악저작권자와 음악 저작인접권자가 있기 때문에 해당 음악을 공연할 때에는 이러한 권리자들로부터 모두 공연에 관한 허락을 받아야 한다. 이처럼 음악을 사용하여 공연을 하고자 할 때 여러 권리자들로부터 각각 허락을 받아야 하다 보니 음악 이용자의 입장에서는 불편함을 느끼지 않을 수 없다. 그래서 앞서 본 개정 저작권법에서는 음악을 공연하고자 할 때에는 통합 징수 단체를 통해서 일괄적으로 해당 음악사용에 관한 허락을 받을 수 있도록 하였다.

그리고 음악 공연과 관련하여 또 한 가지 중요한 것은 음악 이용에 관한 허락범위이다. 만일 그 이용범위를 제대로 확인하지 못한 채 단순히 이용 허락을 받았다는 이유로 무작정 해당 음악을 이용할 경우에는 이용 허락계약 위반은 물론이고, 저작권 침해도 문제될 수 있다.

따라서 아래에서는 이와 관련된 사례 몇 가지를 살펴보기로 하겠다.

〈노래방〉 사건[31]

A는 노래방을 운영하면서, 한국음악저작권협회가 신탁 관리하고 있는 음악을 협회의 승낙을 받지 않고 손님들로 하여금 노래반주기 등을 이용하여 수십 곡의 노래를 부르게 한 것이 저작권법 위반이라는 이유로 기소된 사안

 A의 반박

1) 노래방 업주들은 상당한 비용을 들여 노래반주기 제조사로부터 노래반주기 및 음악저작물을 구입하고 있으므로, 노래방 업주들은 음악저작권 사용에 대한 충분한 대가를 지불하고 있다. 그럼에도 불구하고 또다시 한국음악저작권협회가 노래방업자에게 저작권료 지급을 요구하는 것은 이중으로 부담을 과하는 것이다.

2) 노래방은 노래연습장에 불과하고 노래방 기기 대여업의 성질을 갖고 있는 점 등에 비추어 볼 때, 노래방에서 노래반주기로 재생하는 것은 공연에 해당하지 않으므로 저작권료를 지급할 이유가 없다.

---

31) 대법원 2001. 9. 28. 선고 2001도4100 판결

1) A가 한국음악저작권협회에게 공연 사용료를 지급하는 것이 이중 부담인지 여부(X)

영상반주기 등 노래방 기기를 제작할 때 또는 신곡을 추가로 입력할 때 한국음악저작권협회가 그 제작업자들로부터 사용료를 받고 음악저작물의 이용을 허락한 것은 특별한 사정이 없는 한 위 제작업자들이 저작물을 복제하여 노래방 기기에 수록하고 노래방 기기와 함께 판매·배포하는 범위에 한정되는 것이라 할 것이고, 그와 같은 허락의 효력이 노래방 기기를 구입한 노래방 영업자가 일반 공중을 상대로 거기에 수록된 저작물을 재생하여 주는 방식으로 이용하는 데에까지 미치는 것은 아니라고 할 것이다.

2) 노래방에서 손님들로 하여금 노래를 부르게 하는 것이 '공연'에 해당하는지 여부(O)

구 저작권법 제2조 제3호는 '공연이라 함은 저작물을 상연·연주·가창·연술·상영 그 밖의 방법으로 일반 공중에게 공개하는 것을 말하며, 공연·방송·실연의 녹음물 또는 녹화물을 재생하여 일반 공중에게 공개하는 것을 포함한다'고 규정하고 있다.

여기서 일반 공중에게 공개한다는 것은 불특정인 누구에게나 요금을 내는 정도 말고는 다른 제한 없이, 공개된 장소 또는 통상적인 가족 및 친지의 범위를 넘는 다수인이 모여 있는 장소에서 저작물을 공개하거나, 반드시 같은 시간에 같은 장소에 모여 있지 않더라도 위와 같은 불특정 또는 다수인에게 전자 장치 등을 이용하여 저작물을 전파·통신함으로써 공개하는 것을 의미한다고 할 것이다.

따라서 노래방의 구분된 각 방들이 소수의 고객을 수용할 수 있는 소규모에 불과하다고 하더라도, 일반 고객 누구나 요금만 내면 제한 없이 이를 이용할 수 있는 공개된 장소인 노래방에서 고객들로 하여금 노래방 기기에 녹음 또는 녹화된 음악저작물을 재생하는 방식으로 저작물을 이용하게 하였다면, 이는 일반 공중에게 저작물을 공개하여 공연한 행위에 해당된다고 할 것이다.

평 석

노래반주기를 제작할 때 또는 신곡을 추가 입력할 때 한국음악저작권협회로부터 이용 허락을 받는 것은 한국음악저작권협회가 신탁 관리하는 음악들에 관한 복제 및 배포에 따른 사용료일 뿐이다.

따라서 노래방에서 손님들로 하여금 노래를 부르게 하는

공연 행위에 대해서는 그 공연의 주체인 노래방 업주들이 음악에 관한 공연권을 가지고 있는 한국음악저작권협회에게 공연 사용료를 별도로 지급하여야 한다.

. . . .

한편, 영화를 상영할 때 OST를 재생하는 것 또한 음악을 공연하는 행위에 해당한다. 따라서 위 〈노래방〉 사건에서와 마찬가지로, 영화 자체에 음악을 삽입하는 것은 음악의 복제에 해당할 뿐이고, 이러한 영화를 상영하는 것은 음악을 공연하는 것에 해당하므로, 영화 상영 회사가 이러한 음악 공연에 관한 공연 사용료를 음악 관련 권리자들에게 지급해야 하는지가 문제가 된 사건이 있었다.

〈영화 음악〉 사건[32]

한국음악저작권협회가 영화 상영 회사인 씨제이 씨지브이를 상대로 씨제이 씨지브이는 영화 상영관에서 영화를 상영하면서 협회의 허락 없이 음악을 공연하였으므로, 이러한 음악 공연에 따른 공연 사용료로서 해당 영화들로 인해 발생한 매출액의 1%에 해당하는 손해배상을 청구한 사안

---

32) 대법원 2016. 1. 14. 2014다202110 판결

한국음악저작권협회의 주장

1) 한국음악저작권협회는 이 사건 영화 36편에 대해 씨제이 씨지브 이에게 이용 허락을 한 바가 없다!

영화 상영관에서 영화를 상영하거나 그 부대시설에서 영화의 일부를 상영 또는 영화에 삽입된 음반을 재생하는 것은 모두 저작권법상 공연에 해당한다. 따라서 씨제이 씨지브이는 한국음악저작권협회로부터 위와 같은 음악저작물의 공연에 대하여 이용 허락을 받아야 하는데도 2010. 10.경부터 현행 징수 규정에 따라 공연 사용료를 징수할 수 있게 된 2012. 3. 14.경까지 아무런 이용 허락을 받지 않고 영화관이나 그 부대시설에서 영화 또는 그 일부를 상영하거나 영화에 삽입된 음반을 재생하였으므로, 이는 음악저작권자들의 공연권을 침해한 것이다.

2) 음악저작자와의 사이에서 체결된 신탁 계약에는 음악저작자가 장래에 창작하게 될 음악에 대한 저작권도 그 저작권 취득과 동시에 한국음악저작권협회로 이전하기로 되어 있으므로, 한국음악저작권협회는 신탁 계약 당사자인 음악저작자가 창작한 이 사건 창작곡에 대해서도 저작권을 가지고 있는데, 이 사건 창작곡이 삽입된 이 사건 영화 28편에 대해서는 그 누구에게도 이용 허락을 한 바가 없다!

씨제이 씨지브이가 2011. 10.경부터 2012. 3. 14.까지 사이에 상영한 영화 36편 가운데 28편에는 한국음악저작권협회로부터 복제 허락을 받지 않은 음악저작물(이하 '이 사건 창작곡'이라고 함)이 포함되어 있다. 이처럼 복제 허락도 없는 음악저작물에 대해서는 저작권법 제99조 제1항에 따라 공개상영의 허락을 추정할 여지도 없으므로, 적어도 이 사건 창작곡에 대해서는 씨제이 씨지브이가 한국음악저작권협회에게 저작재산권 침해로 인한 손해를 배상할 의무가 있다는 것이 명백하다.

3) 음악을 단순히 영화에 삽입하는 경우에는 저작권법 제99조 제1항이 적용되지 않는다!

저작권법 제99조 제1항은 음악저작물을 단순 복제하거나 음악저작물을 소재저작물로 하여 영화에 사용한 데에는 적용될 수 없다. 먼저, 위 조항에서 말하는 '영상화'는 기존 저작물을 영상으로 만든다는 의미로, 즉 2차적저작물을 작성하는 것만을 의미한다고 보아야 한다. 위 조항은 저작권자의 권리를 제한하는 것으로 엄격하게 해석될 필요가 있으므로 영상화라는 개념에 단순 복제까지 포함하는 것은 부당하다.

1) 이 사건 창작곡을 제외한 기존 음악저작물에 대한 이용 허락 여부(O)

저작권법 제99조 제1항은 '저작재산권자가 저작물의 영상화를 다른 사람에게 허락한 경우에 특약이 없는 때에는 공개 상영을 목적으로 한 영상저작물을 공개상 영하는 등의 권리를 포함하여 허락한 것으로 추정한다'고 규정하고 있다.

영상저작물의 제작에 관계된 사람들의 권리 관계를 적절히 규율하여 영상저작물의 원활한 이용과 유통을 도모하고자 하는 이 조항의 취지와 규정 내용 등에 비추어 보면, 여기서 말하는 '영상화'에는 영화의 주제곡이나 배경음악과 같이 음악저작물을 특별한 변형 없이 사용하는 것도 포함되고, 이를 반드시 2차적 저작물을 작성하는 것으로 제한하여 해석할 것은 아니다.

따라서 이 사건 창작곡을 제외한 기존 음악저작물에 대한 한국음악저작권협회의 이용 허락으로 저작권법 제99조 제1항의 영상화 허락이 있다.

2) 이 사건 창작곡에 대한 이용 허락 여부(O)

이 사건 창작곡이 해당 영화에 사용될 목적으로 영화 제작자 또는 음악 감독 등의 위탁 및 보수 지급에 따라 새롭게 창작되었다는 그 본질적 특성에 비추어 볼 때, 적어도 해당 영화에 이 사건 창작곡을 이용하는 데 대한 음악저작자의 허락은 있는 것으로 보아야 한다.

그리고 한국음악저작권협회가 이 사건 창작곡의 저작자들로부터 그에 관한 저작재산권을 신탁받았더라도 그 이전 등록을 마치지 아니한 이상 저작자들로부터 저작재산권을 이중 양수하거나 저작물의 이용 허락을 받은 영화 제작자들과 그들로부터 영화를 공급 받아 상영한 씨제이 씨지브이에 대하여 저작재산권 신탁에 따른 양도로써 대항할 수 없다.

평석

이 사건 창작곡을 제외한 기존 음악의 경우에는 한국음악저작권협회가 기존 음악을 영화에 삽입하고자 하는 영화 제작사에게 이를 허락했고, 저작권법 제99조 제1항에 따르면 이 사건 음악의 저작재산권자인 한국음악저작권협회가 해당 음악을 영화에 삽입하는 것을 영화 제작자에게 허락한 경우에 특약이 없는 때에는 그 영화를 공개 상영하는 등의 권리를 포함하여 허락한 것으로 추정할 수 있다. 따라서 기존 음악에 관해서는 한국음악저작권협회가 영화 제작사에게 기존 음악을 영화관에서 공연하는 것을 허락했고, 그에 기해서 씨제이 씨지브이가 영화 제작사로부터 기존 음악의 공연 허락을 받아서 이를 공연한 것이므로, 씨제이 씨지브이가 한국음악저작권협회의 공연권을 침해할 여지가 없다.

한편, 이 사건 창작곡의 경우에는 이 사건 창작곡을 창작한 음악저작자와 한국음악저작권협회 간의 신탁 계약에 따라 이 사건 창작곡이 창작되는 순간 그 저작권이 한국음악저작권협회로 이전되기 때문에, 영화 제작사는 이 사건 창작곡을 영화에 삽입하는 것과 관련하여 한국음악저작권협회의 허락을 받아야 하는 것이 맞다.

그러나 위와 같은 신탁 계약에 따라 이 사건 창작곡의 저작권이 한국음악저작권협회로 이전되는 것은 저작재산권의 양도에 해당하는데, 한국음악저작권협회는 이 사건 창작곡에 관한 양도 등록을 하지 않은 상태이므로, 음악저작자로부터 정당하게 이 사건 창작곡의 이용 허락을 받은 영화 제작자에게 대항할 수 없는 것이고, 따라서 이러한 영화 제작자로부터 이 사건 창작곡의 공연 허락을 받은 씨제이 씨지브이에게도 대항할 수 없는 것이다.

음악저작권
침해 판단은
어떻게 하는가?

음악저작물의 저작권 침해 판단 기준도 다른 일반 저작물의 그것과 다를 것이 없다. 따라서 음악저작물에 대한 저작권의 침해가 인정되기 위해서도 ① 저작권 침해 주장자의 저작물이 저작권법에 의해 보호 받을만한 창작성이 있을 것, ② 상대방이 저작권 침해 주장자의 저작물에 의거하여 이를 이용하였을 것(무의식적인 이용을 포함한다), ③ 저작권 침해 주장자의 저작물과 상대방의 저작물 사이에 실질적 유사성이 있을 것 등의 세 가지 요건이 충족되어야 한다.

11

음악저작물성(창작성)
판단 기준

실질적 유사성 여부를 판단할 때, 일반적으로 저작물성 여부도 함께 판단되기 때문에 그 저작물성 특히 창작성의 판단 기준에 관해 먼저 살펴볼 필요가 있다.

저작권법 제2조 제1호는 저작물을 '인간의 사상 또는 감정을 표현한 창작물'로 규정하고 있다. 위 규정에서 말하는 '창작물'이란 창작성이 있는 저작물을 말하고, 여기서 '창작성'이란 완전한 의미의 독창성을 요구하는 것은 아니라고 하더라도, 적어도 어떠한 작품이 단순히 남의 것을 모방한 것이 아니라 작자 자신의 독자적인 사상이나 감정의 표현을 담고 있어야 한다는 것을 의미한다.[33]

음악저작물은 크게 가락(melody), 화음(harmony), 리듬(rhythm)으로 구성된다. 그런데 창작성이라는 측면에서 이 세 가지 요소들 사이의 비중을 순위로 나타내면 위와 같은 순서로

---

33) 대법원 2011. 2. 10. 선고 2009도291 판결 등

나열할 수 있다. 또한 음악저작물의 가치는 소리의 전달에 의한 느낌 또는 관념에 있으므로, 창작성 또는 실질적 유사성은 듣는 사람의 느낌과 관념을 기준으로 전체적으로 판단되어야 한다. 나아가 음악저작물은 그 이용 가능한 소재에 한계가 있어 매우 보편적인 음이나 화음의 연속, 리듬의 설정 등은 공유되어야 할 것이므로, 만일 음악저작물 가운데 일부가 대중들에 의해 일반적으로 공유되어 온 관용구에 불과하다고 인정될 경우에는 그 부분은 저작권법에 의해 보호되지 않는다.[34]

---

34) 서울중앙지방법원 2012. 2. 10. 2011가합70768 판결

12
의거성
판단 기준

의거성은 저작권 침해 주장자도 이를 명확히 입증하기가 곤란하기 때문에, 보통은 상대방이 저작권 침해 주장자의 저작물에 접근 가능성이 있었는지 또는 저작권 침해 주장자의 침해 부분과 상대방의 해당 부분이 현저하게 비슷한지 여부를 판단하여, 그것이 인정되면 의거성을 추정하는 방식으로 의거성 여부를 판단한다.

따라서 음악저작물의 경우에도 저작권 침해 주장자의 음악저작물이 언제 공표되었고 그것이 얼마만큼 유통되었는지 등 그 노출의 정도를 따져 상대방이 저작권 침해 주장자의 음악저작물에 접근할 가능성이 있었는지 여부를 판단한다. 그러나 저작권 침해 주장자의 음악저작물이 공표된 적이 없거나 그 노출 정도가 미미한 경우에는 저작권 침해 주장자의 침해 부분의 가락, 화음 및 리듬이 상대방의 해당 부분의 그것과 현저하게 비슷한지 여부를 판단하여 의거성 추정 여부를 결정한다.

⌂3⌂
실질적 유사성
판단 기준[35]

저작권법 제5조 제1항 소정의 '2차적저작물'이란 원저작물을 기초로 하되 원저작물과 실질적 유사성을 유지하고 이것에 사회 통념상 새로운 저작물이 될 수 있을 정도의 수정·증감을 가하여 새로운 창작성을 부가한 저작물을 말한다. 따라서 어떤 저작물이 기존의 저작물을 다소 이용하였더라도 기존의 저작물과 실질적인 유사성이 없는 별개의 독립적인 저작물이 되었다면, 기존 저작물의 2차적저작물작성권을 침해한 것이 되지는 않는다.

그리고 저작권법이 보호하는 것은 인간의 사상 또는 감정을 말·문자·음·색 등에 의하여 구체적으로 외부에 표현하는 창작적인 표현 형식이므로, 2차적저작물작성권의 침해 여부를 가리기 위하여 두 저작물 사이에 실질적 유사성이 있는가의 여부를 판단함에 있어서는 창작적인 표현 형식에 해당하는 것만을 가지고 대비하여야 한다.[36]

---

35) 서울중앙지방법원 2012. 2. 10. 2011가합70768 판결

음악저작물은 일반적으로 가락(melody), 리듬(rhythm), 화음
(harmony)의 3가지 요소로 구성되고, 이 3가지 요소들이 일
정한 질서에 따라 선택·배열됨으로써 음악적 구조를 이루
게 된다. 따라서 음악저작물의 창작성 여부를 판단함에 있
어서는 음악저작물의 표현에 있어서 가장 구체적이고 독
창적인 형태로 표현되는 가락을 중심으로 하여 리듬, 화성
등의 요소를 종합적으로 고려하여 판단하여야 한다.

다만, 음악저작물은 인간의 청각을 통하여 감정에 직접 호
소하는 표현물로서 12개의 음을 이용하여 이론적으로는
무수히 많은 배열을 구성할 수 있으나, 사람의 가청 범위
(들을 수 있는 범위)나 가성범위(소리를 낼 수 있는 범위) 내에서 사람들
이 선호하는 감정과 느낌을 불러일으킬 수 있는 음의 배열
에는 일정한 한계를 가질 수밖에 없다는 점도 음악저작물
의 실질적 유사성을 판단함에 있어 참작하여야 한다.[37)]

---

36) 대법원 2010. 2. 11. 선고 2007다63409 판결
37) 서울고등법원 2012. 10. 18. 선고 2011나103375 판결

관련 판례

1 작곡 저작권 관련 판례

최근 음악 저작권 사건 가운데 의미 있는 대법원 판례가 나왔다. 일명 〈내 남자에게 vs 섬데이〉 사건이다. 이 사건에서 대법원은 음악 저작권 침해 여부를 판단함에 있어서 저작권 침해 주장자의 음악저작물이 전체적으로는 저작권법에서 정하고 있는 창작물에 해당한다고 하더라도, 침해되었다고 주장되는 부분이 창작성이 없다면 그 부분에 대해서는 저작권의 효력이 미치지 않으므로, 음악저작물에 관한 저작권 침해 소송에서 침해되었다고 주장되는 부분이 음악저작물 전체가 아니라 그 가운데 일부가 상대방 저작물에 복제되었다고 다투어지는 경우에는 먼저 침해되었다고 주장되는 음악저작물 가운데 침해 여부가 문제되는 부분이 창작성 있는 표현에 해당하는지 여부를 살펴보아야 한다는 것을 명확히 했다.[38]

---

38) 대법원 2015. 8. 13. 선고 2013다14828 판결

〈내 남자에게〉 vs 〈섬데이〉 사건[39]

김신일은 2003년경 〈내 남자에게〉를 작곡하였고, 이 노래가 수록된 음반(이하 '이 사건 음반'이라고 함)이 가수 애쉬에 의해 2005년경 발표되었다. 그런데 박진영이 작곡하여 드라마 〈드림하이〉의 OST에 삽입된 〈섬데이〉가 김신일의 〈내 남자에게〉의 후렴구이자 도입부의 첫 4마디를 표절했다는 이유로 김신일이 박진영을 상대로 손해배상을 청구한 사안

 김신일의 주장

1) 〈내 남자에게〉의 후렴구는 창작성이 있다!

〈내 남자에게〉의 후렴구는 단순한 관용구가 아니고 김신일이 독립적으로 작성한 부분으로서 저작권법에 의하여 보호 받을 만한 창작성이 있다.

2) 박진영은 〈내 남자에게〉에 접근할 가능성이 있었다!

이 사건 음반은 2005년경 공표되어 현재까지 약 7년 동안

---

39) 대법원 2015. 8. 13. 선고 2013다14828 판결

유통되어 왔고 판매량은 수만 장에 이르며, 박진영과 함께 음악 작업을 하여 온 A가 김신일과 미국에서 같은 음악 대학을 수료한 관계에 있는 등 박진영은 김신일의 〈내 남자에게〉에 접근할 수 있는 가능성이 있었다.

3) 〈섬데이〉는 〈내 남자에게〉와 실질적으로 비슷하다!

〈내 남자에게〉와 〈섬데이〉의 각 후렴구는 그 노래들의 핵심적인 부분으로서 그 가락, 화성 및 리듬이 매우 비슷하고, 전체 악곡 중에서 차지하고 있는 비율도 상당하다. 따라서 〈섬데이〉는 〈내 남자에게〉와 실질적으로 비슷한 2차적저작물에 해당한다.

 박진영의 반박

1) 〈내 남자에게〉의 후렴구는 관용구로서 창작성이 없다!

〈내 남자에게〉의 후렴구는 그 가락, 화성 및 리듬, 배치 및 분량 등이 국내 및 해외의 음악저작물 작성에 일반적으로 사용되어 온 관용구로서 창작성이 없다.

2) 박진영은 〈내 남자에게〉에 접근할 가능성이 없었다!

박진영은 독립적으로 〈섬데이〉를 작성하였다. 〈내 남자에게〉
는 이 사건 음반의 주제곡이 아닌 9번 트랙에 수록되어 대
중의 주목을 받았다고 하기 어렵고, A는 〈섬데이〉 작성에
전혀 관여한 바가 없으므로, 박진영은 〈내 남자에게〉에 접
근할 가능성이 없었다.

3) 〈섬데이〉는 〈내 남자에게〉와 실질적으로 비슷하지 않다!

〈내 남자에게〉와 〈섬데이〉를 대비하기 위해서는, 〈내 남자
에게〉 가운데 창작성이 없는 부분을 제외한 나머지 부분
만을 가지고 대비를 하여야 할 것이므로, 결국 〈내 남자에
게〉와 〈섬데이〉는 실질적으로 비슷하다고 할 수 없다.

 법원의 판단

1) 〈내 남자에게〉의 후렴구이자 첫 도입부의 4마디(이하 '김신일 대
비 부분' 이라고 함)의 창작성 여부(X)

① 1심, 2심 법원의 판단

a) 가락이 비슷한 다른 음악과 비교

	1마디	2마디	3마디	4마디
내 남자에게 (2003, 2005)	솔미파솔파	–미레–도**도**미	–솔미파솔파	–미레–도도도
섬데이 (2001)	솔미파솔파	–미레–도**미**미	–솔미파솔파	–미레–도도도
Hosanna (2002) 유사 (O)	도미파솔솔	파미레–도미	도미파솔솔	파미레–도도
Experimental Film (2004) 유사(O)	도미파솔파–미레–도미–		도미파솔파–미레–도솔–	
God Happens (2009): 유사(O)	미파솔파–	미레–도미–	도미파솔파	–파미레–도–
Butterfly Fly Away (2009) 유사(X)	미파솔파–	미레–도미–	미솔	파미레–도–

b) 화성이 비슷한 다른 음악과 비교

	화성의 비교
내 남자에게 (2003, 2005)	Cadd2 - Bm7(b5) - E7b9 - Am7 - Gm7 - C7
섬데이 (2001)	Cadd2 - Bm7(b5) - E7b9 - Am7 - Gm7 -C7

God Hppens (2009)	CM7 - Bm7(b5) - E7 - Am7 - Gm7 - C7(9, 11)
0% (2002)	C - Bm7(b5) - E7/G# - Am7 - Gm7 - C7 - F
Officially Missing you (2003)	Cmaj7 - Bm7 - E7 - Am7 - Gm7 - C7 - Fmaj7

c) 김신일 대비 부분의 창작성 여부(O)

〈내 남자에게〉가 공표되기 전 또는 후에 공표된 상당수의
음악에서 〈내 남자에게〉와 가락 또는 화음의 유사성이 발
견되는 것은 사실이다.

그러나 〈내 남자에게〉의 창작성은 이를 구성하고 있는 개
별음의 고저(pitch), 음의 장단(duration)의 복합적인 연속으로
서 가락, 화음 및 리듬에 김신일의 독자적인 감정의 표현
을 담고 있는지 여부에 의해 판단되어야 한다.

김신일이 다른 음악에 의거하여 〈내 남자에게〉를 작곡함
으로써 스스로 타인의 저작권을 침해하였다거나, 김신일
대비 부분이 오랫동안 수많은 음악에 사용되고 일반 대중
들에게 노출되어 공유의 영역이 되었다는 등의 사정이 인
정되지 않는 이상, 남의 것을 모방하지 않고 김신일 자신
의 독자적인 감정의 표현을 담고 있다는 의미에서의 저작
권법상 창작성은 인정된다고 보는 것이 마땅하다.

따라서 김신일 대비 부분을 포함한 〈내 남자에게〉는 저작
권법에 의해 보호를 받는다.

② 대법원의 판단

호산나(Hosanna)는 〈내 남자에게〉보다 앞서 2002년 미국
에서 공표되었는데, 이를 부른 가수인 커크 프랭클린(Kirk
Franklin)은 그래미상을 수상하는 등 가스펠(gospel) 음악 사
상 영향력 있는 가수로 손꼽힐 정도로 널리 알려진 가수
이고, 한편 김신일은 미국에서 음악 대학을 수료한 이후
계속하여 음악 활동을 해 오고 있는 작곡가이다.

그런데 김신일 대비 부분을 호산나의 비교 부분과 대비해
보면, 김신일 대비 부분의 시작음이 '솔'인 데 비해 호산
나의 비교 부분의 시작음이 '도'인 정도의 차이가 있을
뿐이어서 두 부분의 가락은 현저히 유사하고, 리듬도 비슷
하다. 또한 김신일 대비 부분의 화성은 〈내 남자에게〉보다
앞서 공표된 다수의 선행 음악들의 화성과 비슷한 것으로
서 음악에서 일반적으로 사용되는 정도의 것이다.

위와 같은 호산나에 대한 김신일의 접근 가능성과 김신일
대비 부분 및 호산나의 비교 부분 사이의 유사성을 종합
하면, 김신일 대비 부분은 호산나의 비교 부분에 의거하
여 작곡된 것으로 추정된다.

또한 김신일 대비 부분과 호산나의 비교 부분은 가락을 중심으로 하여 리듬과 화성을 종합적으로 고려할 때, 실질적으로 비슷하다고 할 것이며, 김신일 대비 부분에 가해진 수정·증감이나 변경은 새로운 창작성을 더한 정도에는 이르지 아니한 것으로 보인다.

그렇다면 김신일 대비 부분은 창작성이 있는 표현에 해당한다고 볼 수 없어, 이 부분에 대해서까지 김신일의 복제권 등의 효력이 미치는 것은 아니라 할 것이다.

2) 박진영이 〈내 남자에게〉에 의거해서 〈섬데이〉를 작곡했는지 여부

① 1심, 2심 법원의 판단

김신일은 1997년경부터 현재까지 약 250곡의 음악을 작곡하고, 약 40장의 음반 제작에 참여하는 등 대중음악가로서 꾸준한 활동을 하여 왔다. 그리고 박진영 또한 1994. 9.경 이후 오랜 기간 대중음악가로 활동하여 왔고, 이 사건 음반은 2005년경 공표되어 현재까지 약 7년간 음반 시장 및 음원 제공 사이트 등을 통해 유통되고 방송 매체에 노출되었다. 따라서 박진영의 〈내 남자에게〉에 대한 추상적인 의미의 접근 가능성은 인정된다.

또한 김신일 대비 부분과 〈섬데이〉의 후렴구이자 도입부의 첫 4마디(이하 '박진영 대비 부분'이라 한다)가 가락, 화음 및 리듬의 면에서 현저히 비슷하다는 점(striking similarity) 등을 종합하여 보면, 〈섬데이〉는 〈내 남자에게〉에 의거하여 작성된 것이라고 사실상 추정된다.

② 대법원의 판단

대법원은 의거성에 관한 별도의 판단은 하지 않았다.

3) 〈섬데이〉가 〈내 남자에게〉와 실질적으로 비슷한지 여부(X)

① 1심, 2심 법원의 판단

　a) 가락의 실질적 유사 여부(O)

A) 가락에 관한 표에서와 같이, 김신일 대비 부분과 박진영 대비 부분은, 2마디의 네 번째 음이 김신일 대비 부분은 '도'이고, 박진영 대비 부분은 '미'인 점만 제외하고 동일하다는 것을 인정할 수 있다.

　b) 화음의 실질적 유사 여부(O)

B) 화음에 관한 표에서와 같이, 김신일 대비 부분과 박진영 대비 부분은 그 화음이 동일하다는 것을 인정할 수 있다.

c) 리듬의 실질적 유사 여부(O)

후렴구 리듬 비교 악보

내 남자에게 작곡 김신일

Someday 작곡 박진영

위 악보를 비교하여 보면, 김신일 대비 부분과 박진영 대비 부분은 그 리듬이 동일하다는 것을 인정할 수 있다.

d) 소 결

김신일 대비 부분과 박진영 대비 부분은 가락이 거의 같다고 할 수 있을 만큼 비슷하고, 화음과 리듬은 서로 같다.

또한 박진영 대비 부분은 〈섬데이〉의 후렴구이자 도입부로서 〈섬데이〉의 총 86마디 가운데 20마디에 걸쳐 반복되고 있다. 이러한 점과 음악의 후렴구는 주도적으로 전체 곡의 성격을 지배하는 부분으로서 김신일과 〈섬데이〉를 비롯한 상당수의 현대 대중 음악저작물이 후렴구를 도입부에 배치하고 이를 반복하는 것은 청중으로 하여금 후렴구를 쉽게 기억하도록 함으로써 곡 전체에 대한 인지도를 높이기 위함인 점 등의 사정을 종합하여 보면, 〈섬데이〉는 김신일 대비 부분과 동일·비슷한 박진영 대비 부분을 기초로 하여 작성된 2차적저작물이라고 보는 것이 상당하다.

② 대법원의 판단

대법원은 실질적 유사성 여부에 관해 직접적으로 판단하지는 않고, 앞서 본 바와 같이 김신일 대비 부분이 창작성이 없으므로, 이는 실질적 유사성 판단의 대상이 되지 않고, 그렇다면 이를 제외한 양 음악은 실질적으로 비슷하지 않다는 취지의 판시를 하였을 뿐이다.

. . . .

한편, 음악 저작권 침해 주장자의 침해 부분이 기존 음악들에서 이미 표현되어 널리 알려진 관용적인 표현에 해당한다고 하여 음악 저작권 침해를 부정한 사건이 있었는데, 일명 〈파랑새 vs 외톨이야〉 사건이다.

〈파랑새〉 vs 〈외톨이야〉 사건[40]

A 등은 그룹 Ynot?의 멤버로 활동하는 가수들로서 2008. 4. 26. 노래 〈파랑새〉를 작곡하여 앨범 Greenapple에 발표하였다. B 등은 그룹 CNBLUE의 노래 앨범 CNBLUE Bluetory에 수록되어 발표된 〈외톨이야〉를 작곡하였다.

A 등이 B 등에 의해 저작권 침해되었다는 부분은 〈파랑새〉의 후렴구 25마디부터 32마디까지 8마디, 54마디부터 61마디까지 8마디, 70마디부터 85마디까지 16마디로서 〈파랑새〉 전체 86마디 가운데 32마디(이하 'A 등 대비 부분'이라고 함)이다.

그에 대응하는 부분은 B 등 작곡의 〈외톨이야〉 후렴구인 25마디부터 30마디까지, 49마디부터 54마디까지, 78마디부터 83마디까지 각 6마디씩 전체 93마디 가운데 18마디(이하 'B 등 대비 부분'이라고 함)이다.

A 등 대비 부분과 B 등의 대비 부분은 모두 후렴구로서, 모두 후렴구의 첫째 및 둘째 마디의 표현이 셋째 및 넷째 마디에 계속하여 동형진행(Sequence. 리듬은 똑같이 반복하고 가락은 움직이는 모양만 모방하는 것)되는 형식을 가지고 있다. 이에 A 등이 B 등을 상대로 저작권 침해에 따른 손해배상을 청구한 사안

---

40) 서울중앙지방법원 201. 4. 13. 선고 2010가단86875 판결

A 등의 주장

B 등이 작곡한 〈외톨이야〉 가운데 B 등의 대비 부분은 A 등이 작곡한 〈파랑새〉의 해당 부분을 표절하거나 일부 변형하여 사용하였고, 그 부분은 전체 곡에서 질적 및 양적으로 핵심적인 부분을 차지하는 후렴구를 포함하여 클라이맥스에 해당하며 전체 곡에서 차지하는 비중도 〈파랑새〉는 전체 곡의 1/2에 해당하고, 〈외톨이야〉는 전체 곡의 2/5에 해당한다.

따라서 B 등이 작곡한 〈외톨이야〉는 A 등이 작곡한 〈파랑새〉를 표절한 것에 해당한다.

B 등의 반박

A 등이 문제 삼는 〈파랑새〉의 후렴구 부분은 대중가요에서 자주 인용되는 관용적 표현으로 A 등의 고유의 창작적 표현이 아니다. 게다가 관용적으로 쓰이는 후렴구도 한 마디만 동일할 뿐 두 곡은 전체적으로 전혀 다른 음계, 화음, 리듬의 구성 방식을 가지고 있어 실질적인 유사성도 없다.

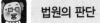

1) A 등의 대비 부분 가운데 후렴구 첫째 마디 및 이와 동형진행 부분과 B 등의 대비 부분이 저작권 침해로 인정될 정도로 실질적으로 비슷한지 여부(X)

① A 등의 대비 부분과 B 등의 대비 부분은 그 가락(멜로디)이 단 한 개의 음정도 일치하지 않고, ② 두 곡 전체를 화성(코드)의 측면에서 비교해 보아도 1절 24마디 가운데 4마디 정도만 코드가 동일 또는 비슷할 뿐, 〈파랑새〉는 한 마디에 두개의 화성이 진행되고 〈외톨이야〉는 대부분 한 마디가 하나의 화성으로 이루어져 화음의 구성이나 진행 방식이 서로 다르며, ③ 또한 문제가 되고 있는 두 노래의 후렴구 부분 화성은 〈파랑새〉가 Dm-C-Bb-C-Bb-Am-Bb-C의 구성을 가지는데 반하여 〈외톨이야〉는 Dm-Dm-Bb-Bb-C-C-F-A의 구성을 가지고 있어 한마디 정도의 화성만 동일하고, ④ 두 노래의 리듬을 비교해 보면 〈파랑새〉가 ♩=102, 외톨이야는 ♩=105로서 비슷한 빠르기를 가지고 있지만, 〈파랑새〉는 16비트의 기본 리듬을 가지는데 반하여 〈외톨이야〉는 24비트를 기본 리듬으로 삼고 있어 그 차이가 있다.

이와 같은 이유로 A 등의 대비 부분과 B 등의 대비 부분은 실질적으로 비슷하다고 하기 어렵다.

2) 후렴구 둘째 마디와 동형진행 부분이 창작성이 있는지 여부(X)

① A 등의 대비 부분 가운데 후렴구 둘째 마디 및 이와 동형으로 진행되는 부분과 그에 대응하는 〈외톨이야〉 가운데 B 등의 대비 부분은 가락이 동일하고 빠르기도 유사하지만, A 등이 파랑새를 발표하기 이전의 선행 음악으로서 대중들에게 널리 알려진 소 외 최준영이 작곡하고 컨츄리꼬꼬가 노래한 〈오! 가니(2000. 6. 발표)〉와 소 외 유해준이 작곡하고 박상민이 노래한 〈지중해(2002. 2. 발표)〉에 위 후렴구 둘째 마디와 비슷한 가락(멜로디)이 표현되어 있다.

② A 등은 위 선행 음악들과 〈파랑새〉는 음계와 빠르기가 다르다고 주장하지만, 〈파랑새〉와 선행 음악인 〈지중해〉는 음계가 동일하고, 음악에 있어서 빠르기는 리듬을 구성하는 하나의 요소에 불과하기 때문에 그 빠르기에 대하여 A 등에게 창작적인 지위를 부여할 수도 없다.

③ 한편, 〈파랑새〉와 〈외톨이야〉는 음조(tonality, 調性)가 Dm으로 동일하고 리듬의 빠르기도 비슷하지만, 음조는 음악 창작 과정에 있어서 일종의 소재 또는 아이디어로서 기능하는 것이고 리듬의 빠르기는 위에서 본 바와 같이 두 음악의 유사성과 상이성을 좌우하는 요소는 아니다.

따라서 A 등의 대비 부분 가운데 후렴구 둘째 마디 및 이와 동형진행 부분은 선행 음악들에 이미 표현되어 널리 알려진 관용적인 표현에 해당한다. 또한 A 등의 대비 부분이 선행 음악과는 다른 빠르기와 음계를 가졌다 해도, 음악저작물의 유사성 판단에 있어서 결정적인 요소가 되는 가락(멜로디)이 비슷한 이상, A 등의 대비 부분에 대하여는 그 창작성을 인정하기도 어렵다.

그리고 위와 같이 A 등의 대비 부분과 같은 음악적 표현이 선행 음악들에 이미 존재하고 있었던 점 및 A 등은 대중매체에는 잘 알려져 있지 않은 소위 언더그라운드 가수들인 점을 함께 고려하면, B 등이 A 등의 노래에 의거하여 이 사건 대비 부분을 작곡하였다고 말하기도 어렵다.

평석

이 사건의 법원은 두 가지 면에서 〈외톨이야〉 작곡가들이 〈파랑새〉 작곡가들의 저작권을 침해하지 않았다고 판단했다.

첫째는 〈외톨이야〉 작곡가들이 〈파랑새〉에 의거해서 작곡한 것이라고 보기는 어렵다는 것이었다. 즉, 의거성을 부정하는 취지다. 그런데 그 의거성을 부정한 이유가 A 등의 대비 부분과 동일한 음악적 표현이 기존 음악들에 이미 존재했다는 이유이고, 이와 더불어 A 등이 언더그라운드 가수여서 대중들에게 잘 알려지지 않았다는 것이다. 그러나 의거성의 판단 기준인 접근 가능성은 저작권 침해 주장자의 저작물이 먼저 공표되는 등의 방법으로 상대방이 이에 접근할 가능성이 있는지 여부에 따라 판단을 하는 것인데, 단순히 A 등이 대중들에게 잘 알려지지 않은 언더그라운드 그룹이라는 이유로 B 등이 이에 접근할 가능성조차 없다고 판단하는 것은 다소 납득하기 어려운 부분이다.

둘째는 〈외톨이야〉가 〈파랑새〉와 실질적으로 비슷하지 않다는 것이었다. 먼저 후렴구 첫째 마디 및 이와 동형진행 부분과 관련해서는 양 음악이 서로 실질적으로 비슷하지 않다는 것이었고, 후렴구 둘째 마디와 동형진행 부분과 관련해서는 A 등의 대비 부분 가운데 위 부분이 관용구여서 창작성이 없고, 따라서 이에 대해서는 실질적 유사성 판단의 대상이 되지 않는다는 이유에서였다.

이와 같이 양 음악이 실질적으로 비슷한지 여부는 음악 저작권 침해 주장자의 침해 부분이 창작성이 없기 때문일 수도 있고, 비록 그것이 창작성이 있다고 하더라도 상대방의 해당 부분과 비교했을 때 실질적으로 비슷하지 않기 때문일 수도 있는 것이다.

앞서 본 바와 같이 작사는 어문저작물의 성격과 음악저작물의 성격 모두를 겸하고 있다. 즉, 음악에 가사가 수반되는 경우에는 그 가사도 음악저작물의 일부가 될 수 있기 때문에 가사의 동일·유사성도 음악저작물의 실질적 유사성을 판단함에 있어 고려 요소가 될 수는 있지만, 이 경우에도 그 비교 판단의 대상으로 삼기 위해서는 저작권 침해 주장자의 침해 관련 가사가 저작물성이 있어야만 한다.

〈사랑의 포로〉 vs 〈샤방샤방〉 사건[41]

진창민은 2006년 경 〈사랑의 포로〉라는 노래를 작사·작곡하였다. A가 작곡해서 가수 박현빈이 부른 〈샤방샤방〉은 2007년 경에 다양한 버전으로 제작되었다. 그런데 진창민은 〈샤방샤방〉이 자신이 만든 〈사랑의 포로〉를 일부만 변경해서 만들어진 것이라는 이유로, A와 박현빈의 소속사인 B회사를 상대로 저작권 침해에 따른 손해배상 등을 청구했다(이 사건은 작사·작곡 모두에 대해 그 저작권 침해가 문제된 사안이었지만, 여기에서는 작사 부분의 저작권 침해 여부에 대해서만 살펴보기로 한다).

---

41) 대법원 2014. 6. 27. 선고 2014다28602 판결

■ 〈사랑의 포로〉의 가사와 〈샤방샤방〉의 가사의 콘셉트의 유사성
과 저작권 침해 여부

여성의 아름다운 모습을 보고 그 모습에 반한 남성이 그
여성에게서 느끼는 감정을 노래 가사에 담아서 표현하는
것은 아이디어에 불과할 뿐이기 때문에 저작권법으로 보
호될 수 없다.

■ 〈샤바샤바〉와 〈샤방샤방〉의 실질적 유사성 여부

〈샤방샤방〉의 가사에 등장하는 '샤방샤방'은 일반 수요자
들 사이에 '눈부시다, 매우 예쁘거나 아름답다'는 등의 의
미로 두루 쓰인다.

반면에, 〈사랑의 포로〉에 사용된 '샤바샤바'가 이와 동
일하거나 비슷한 의미로 두루 쓰인다고 보기는 어려우며,
'샤바샤바' 부분이 진창민의 창작적인 표현 형식에 해당된
다고 보기도 어렵다.

■ 소 결

따라서 〈사랑의 포로〉 가운데 대비 부분의 가사와 〈샤방샤
방〉 가운데 대비 부분의 가사가 동일·비슷하다고 보기는
어렵다.

노래 제목과 안무도
저작권법상
보호되는가?

제목(제호)의 저작물성

대중 매체 등을 통해 음악을 접하다 보면, 같은 제목의 노래가 여럿 있다는 것과 다른 저작물 등의 제목과 노래 제목이 일치하거나 그 반대의 경우를 종종 발견할 수 있다. 그런데 제목은 대부분 문구가 짧고 그 의미도 단순하다. 이런 경우 과연 저작권 침해 문제가 발생할 수 있을까?

〈내가 제일 잘 나가〉 vs 〈내가 제일 잘 나가사끼 짬뽕〉 사건[42]

A는 여성 가요 그룹인 2NE1의 두 번째 미니 앨범 수록곡인 〈내가 제일 잘 나가〉라는 제목의 노래를 작사·작곡하였다. B 회사는 〈나가사끼 짬뽕〉을 생산·판매하면서 '내가 제일 잘 나가사끼 짬뽕'이라는 문구를 사용하여 인터넷에 이를 광고하고 있다. 이에 A가 B회사를 상대로 저작권 침해, 부정경쟁방지 및 영업비밀보호에 관한 법률(이하 '부정경쟁방지법'이라고 함)

위반 및 인격권 침해에 해당한다는 이유로 광고사용게재금지 가처분을 신청한 사안

■ 저작권 침해 여부

 A의 주장

〈내가 제일 잘 나가〉는 그 제목과 동일한 가사가 12번이나 반복되어 나온다는 점에 특징이 있으므로, 〈내가 제일 잘 나가〉라는 제목 자체가 저작권법상의 저작물에 해당한다.

따라서 B회사가 〈내가 제일 잘 나가〉라는 제목에다가 '사끼 짬뽕' 부분을 결합하여 광고 문구로 사용하는 것은 A의 〈내가 제일 잘 나가〉라는 제목에 관한 저작재산권 가운데 복제권, 배포권 및 공중송신권과 저작인격권 가운데 동일성유지권을 침해하는 행위이다.

---

42) 서울중앙지방법원 2012. 7. 23. 선고 2012카합996 판결

법원의 판단

현대 사회에서 제호가 갖는 사회적·경제적 중요성 등을 고려하여 제호의 저작물성을 일률적으로 부인하지 않고 제호 가운데 창작적 사상 또는 감정을 충분히 표현한 것을 선별하여 독립된 저작물로 보호하는 입장에 선다고 하더라도, 〈내가 제일 잘 나가〉라는 제목은 '내가 인기를 많이 얻거나 사회적으로 성공하였다' 는 단순한 내용을 표현한 것으로서 그 문구가 짧고 의미도 단순하여 어떤 보호할 만한 독창적인 표현 형식이 포함되어 있다고 보기 어렵다. 따라서 비록 〈내가 제일 잘 나가〉에 그 제목과 동일한 가사가 반복되어 나온다 하더라도 그것만으로 〈내가 제일 잘 나가〉라는 제목이 저작물로 보호되는 것은 아니다.

■ 부정경쟁방지법 위반 여부

 A의 주장

〈내가 제일 잘 나가〉라는 제목은 국내에 널리 알려진 A의 상품 표지인데, B회사가 〈내가 제일 잘 나가사끼 짬뽕〉 광고에 〈내가 제일 잘 나가〉라는 제목과 동일 또는 비슷한 이 사건 표지를 사용하는 것은, 부정경쟁방지법 제2조 제1호 가목에서 정한 '상품주체 혼동행위' 또는 같은 호 다목에서 정한 '저명 상표 희석 행위' 에 해당한다.

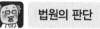

1) 부정경쟁방지법 제2조 제1호 가목에서 정한 상품주체 혼동행위 해당 여부(X)

① 〈내가 제일 잘 나가〉라는 제호가 국내에 널리 인식되었는지 여부 (O)

부정경쟁방지법 제2조 제1호 가목에서 정한 상품주체 혼동행위에 해당하려면 주지성을 취득한 타인의 상품 표지와 동일 또는 비슷한 표지를 사용함으로써 타인의 상품과 혼동을 일으킬 우려가 있어야 한다. 이는 상품 표지의 주지성과 식별력의 정도, 표지의 유사 정도, 사용 태양, 상품의 유사성 및 고객층의 중복 등으로 인한 경업·경합 관계의 존부, 그리고 모방자의 악의(사용 의도) 유무 등을 종합하여 판단하여야 한다.

〈내가 제일 잘 나가〉가 수록된 미니 앨범이 2011. 6. 24.경 발매된 이후 〈내가 제일 잘 나가〉가 주요 음원 차트에서 1위에 올랐을 뿐만 아니라, 가요 순위 방송 프로그램에서 1위를 차지하는 등 상당한 인기를 얻은 사실이 확실히 인정되므로, 〈내가 제일 잘 나가〉라는 제목이 국내 가요 시장의 수요자 또는 거래자들 사이에서 A의 상품 표지로 널리 인식되었다고 볼 수 있다.

② 소비자들이 A의 상품에 해당하는 대중가요 〈내가 제일 잘 나가〉
와 B회사의 상품에 해당하는 라면 〈내가 제일 잘 나가사끼 짬뽕〉
을 혼동할 우려가 있는지 여부(X)

㉠ 〈내가 제일 잘 나가〉라는 제목은 국내 가요 시장의 수
요자 또는 거래자들 사이에 알려진 지 1년 정도밖에 되지
않았고 일반인이 일상생활에서 흔히 사용하는 문구이므로
그 식별력이 강하다고 보기는 어렵다.

㉡ B회사가 사용하고 있는 〈내가 제일 잘 나가사끼 짬뽕〉
은 〈내가 제일 잘 나가〉라는 제목에 '사끼 짬뽕' 부분을 결
합한 것이기는 하지만 〈내가 제일 잘나가사끼 짬뽕〉 고유의
상품 표지인 **나가사끼 짬뽕**을 포함하고 있기 때문에 〈내가
제일 잘 나가〉라는 제호와 **나가사끼 짬뽕**을 전체적, 이격적
으로 관찰하였을 때 서로 비슷하다고 단정하기 어렵다.

㉢ A는 대중가요 작사, 작곡가이고 〈내가 제일 잘 나가〉라
는 제호는 대중가요에 사용된 표지인 반면에, B회사는 식
품 판매 회사이고 **나가사끼 짬뽕**은 라면 광고에 사용되고
있으므로, A의 상품(대중가요)과 B회사의 상품(라면)이 서로
비슷하다거나 고객층이 중복된다고 보기 어렵다.

이런 점 등을 모두 종합하면, 비록 B회사가 **나가사끼 짬뽕**
을 사용함에 있어 〈내가 제일 잘 나가〉의 인기를 이용하려

는 의도가 어느 정도 엿보인다 하더라도 그것만으로 일반 소비자들로 하여금 A의 상품과 B회사의 상품 사이에 혼동을 일으키게 할 우려가 있다고 보기는 어렵다.

2) 부정경쟁방지법 제2조 제1호 다목에서 정한 저명상표 희석행위 해당 여부(X)

부정경쟁방지법 제2조 제1호 다목에서 사용하고 있는 '국내에 널리 인식된' 이라는 용어는 같은 호 가, 나목에서 사용하고 있는 것과는 달리 '주지(여러 사람들에게 두루 널리 인식됨)의 정도를 넘어 저명 정도에 이른 것' 을 의미하는 것으로 해석하는 것이 옳다.

〈내가 제일 잘 나가〉라는 제목이 국내 가요 시장의 수요자 또는 거래자들 사이에서 주지성을 취득하였다고 볼 여지는 충분히 있지만, 그것이 주지의 정도를 넘어 국내 가요 시장의 수요자 또는 거래자는 물론 일반 대중에게까지 널리 알려진 저명한 상품 표지에 해당한다고 보기는 어렵다.

■ 인격권 침해 여부(X)

위와 같은 여러 가지 이유로 〈내가 제일 잘 나가〉라는 제목은 저작물로 보호 받지 못하는 것이기 때문에 A가 〈내가 제일 잘 나가〉라는 제목에 관하여 저작인격권을 가진다고 볼 수 없고, 또 다른 어떤 방식으로도 A가 〈내가 제일 잘 나가〉라는 제목의 사용에 관하여 배타적인 인격적 이익을 향유한다고 보기 어렵다.

그렇다면 B회사가 〈내가 제일 잘 나가〉라는 제목이 포함된 〈내가 제일 잘 나가사끼 짬뽕〉이라는 이름을 사용함으로써 A의 주관적인 감정이 침해되었다는 것만으로 A의 인격권이 침해되었다고 보기는 어렵다.

평 석

대법원은 만화 제목인 〈또복이〉와 관련된 사건에서 또복이는 사상 또는 감정의 표명이라고 보기 어렵기 때문에 저작물로서의 보호는 인정하기 어렵다는 판시를 한 이후, 계속해서 저작물의 명칭이나 제목에 대해서는 그 저작물성을 부정하고 있다. 따라서 저작물의 제호는 저작권법에 의해 보호되지 않는다고 볼 수 있다.

그렇다고 저작물의 명칭이나 제호가 전혀 보호 받지 못하는 것은 아니다. 저작물의 명칭이나 제호는 상표법에 의한 보호가 가능하다.

그러나 상표 등록을 출원할 때 지정 상품을 특정해야 하기 때문에 특정된 지정 상품에 대해서만 보호를 받게 되고, 상표 등록된 상표를 제3자가 사용하더라도, 그것이 상표적 사용에 해당하지 않는 경우(디자인적 사용 또는 제품에 관한 설명문구 등)에는 상표권 침해에 해당하지 않게 된다는 한계가 있다.

한편, 저작물의 명칭이나 제호는 부정경쟁방지법에 의해서도 보호를 받을 수 있기는 하다. 그러나 그것이 부정경쟁방지법에 의해 보호 받기 위해서는 상품의 표지로서의 명칭 또는 제호가 국내에 널리 인식되어 있어야 한다는 까다로움이 있다.

12
안무의 저작물성

안무가 저작권법에 의해 보호를 받을 수 있는 저작물에 해당하는지 여부를 따지기 전에 과연 안무가 저작권법 제4조 제1항에서 예시하고 있는 저작물 가운데 어떤 저작물에 해당하는지를 먼저 확정해야 한다. 저작권법 제4조 제1항 제3호에서는 연극 및 무용·무언극을 연극저작물로 예시하고 있기 때문에 안무는 연극저작물의 일종이라고 보는 것이 상당하다.

그런데 비록 누군가가 안무를 개발했다고 하더라도, 그 안무에 사용된 동작들을 하나하나 뜯어보면 이미 기존에 존재했던 것들이거나 전형적인 동작들이 대부분일 것이기 때문에 이를 그 안무가가 창작했다고 할 수 있을지가 문제된다. 이는 만일 누군가가 개발한 안무의 동작들이 단순히 기존 안무에 존재했던 동작들을 나열한 수준에 그치고, 그 나열한 형태가 기존에도 존재한 것이라면 이러한 안무를 창작물로 보기는 어려울 것이기 때문이다.

〈시크릿의 샤이보이 안무〉 사건[44]

A는 시크릿의 〈샤이보이〉의 안무를 제작한 자이고, B회사 등은 종합 댄스 교육기관 또는 그 원장 및 댄스 강사들이다. B회사 등의 댄스 강사들은 위 안무를 댄스 강습에 이용하였다. 이에 A가 B회사 등을 상대로 자신의 안무 저작권 침해를 이유로 한 손해배상 등을 청구한 사안

■ 시크릿의 〈샤이보이〉 안무가 창작성이 있는 저작물인지 여부 (O)

〈샤이보이〉 안무에 사용된 각종 동작의 요소를 개별적으로 분석하면, 각종 댄스 장르의 전형적인 춤 동작, 그리고 이미 공개된 여러 춤에서 발견되는 특징들과 비슷한 측면이 있다.

그러나 〈샤이보이〉 안무는 ① 〈샤이보이〉라는 노래의 전체적인 흐름, 분위기, 가사 진행에 맞게 종합적으로 재구성된 것이고, ② 4인조 여성 그룹 시크릿 구성원의 각자 역할(랩, 노래, 춤 등)에 맞게 춤의 방식과 동선을 유기적으로 구

---

44) 서울고등법원 2012. 10. 24. 선고 2011나104668 판결

성하였으며, ③ 기존에 알려진 다양한 춤 동작도 악곡의
느낌에 맞게 상당한 창조적 변형이 이루어졌고, ④ 각 춤
동작들이 곡의 흐름에 맞게 완결되어 〈샤이보이〉 안무 역
시 전체적으로 하나의 작품으로 인식된다.

따라서 〈샤이보이〉 안무는 전문 안무가인 A가 〈샤이보이〉
노래에 맞게 소녀들에게 적합한 일련의 신체적 동작과 몸
짓을 창조적으로 조합·배열한 것으로서 A의 사상 또는 감
정을 표현한 창작물에 해당한다.

■ 〈샤이보이〉 안무와 댄스 강사들의 안무 사이의 실질적 유사성
   여부(O)

비록 댄스 강사 각자 특유의 전달 기법을 통하여 재현되거
나 강습이 이루어진 측면이 있다고 하더라도, B회사 등은
수강생들을 상대로 〈샤이보이〉 안무를 재현하기 위하여
강습한 것이고, B회사 등의 인터넷 홈페이지와 게시판에
서 확인되는 B회사 등의 강습 행위 역시 〈샤이보이〉 안무
와 다르지 않으므로, 위 강사들의 강습 행위 역시 〈샤이보
이〉 안무와 실질적으로 비슷하다.

PART

07

음악 관련 권리들은
언제까지
보호되는가?

개 요

앞서 본 바와 같이, 다른 일반 저작물과는 달리 음악과 관련해서는 저작권 이외 실연자(가수, 연주자 등)와 음반 제작자가 가지는 저작인접권이 있다. 그리고 이러한 권리들은 저작권과는 별도로 보호를 받기 때문에 저작권법에서는 그 보호 기간도 따로 정하고 있다.

저작권의 보호 기간과 관련해서는 앞에서 이미 설명했으므로, 여기서는 저작인접권의 보호 기간에 대해서만 알아보도록 하겠다.

실연자는 저작인접권으로 재산적인 권리와 인격적인 권리를 가지는데, 저작권과 마찬가지로 그 보호 기간은 재산적인 권리에 대해서만 적용된다. 따라서 아래에서 살펴볼 저작인접권의 보호 기간은 재산적인 권리에 관한 것이라고 보면 된다.

12
음악 관련 실연자 및 음반 제작자의
권리 보호 기간

현행 저작권법상 실연자 및 음반 제작자가 가지는 저작인
접권은 실연의 경우 그 실연을 한 때부터, 음반의 경우 그
음을 맨 처음 음반에 고정한 때부터 각각 70년 동안 보호
된다(저작권법 제86조). 그렇지만 현존하는 모든 음악 관련 실
연 및 음반이 위와 같은 기간 동안 보호를 받는 것은 아니
다. 그 이유는 저작권법상 실연자 및 음반 제작자의 권리
보호 기간이 저작권법 개정에 따라 계속해서 바뀌어 왔고,
실연 및 음반 녹음이 언제 있었는지에 따라 그 보호 기간
이 달라지기 때문이다.

따라서 음악 관련 저작인접권이 언제까지 보호되는지를
판단하려면 다음 네 가지 사항을 고려해야 한다.

① 먼저 실연자의 경우에는 그 실연이 언제 있었는가? 음
반의 경우에는 그 음을 언제 처음 음반에 고정했는가?

② 당시의 저작권법은 저작인접권을 몇 년간 보호하는가?

③ 그 후 개정된 저작권법에서 저작인접권의 보호 기간을 몇 년으로 규정했는가?

④ 그 개정 저작권법 부칙에서 종전 저작권법 당시 발생된 저작인접권으로서 개정 저작권법 시행 당시 이미 그 보호 기간이 경과된 경우에는 어떻게 처리하고 있는가? 소멸한 저작인접권을 부활시키는가 아니면 그대로 소멸된 상태로 놓아두는가? 또, 그 보호 기간이 경과되지 않은 경우에는 어떻게 처리하고 있는가? 개정 저작권법의 저작인접권 보호 기간을 적용하지 않고 종전 저작권법의 규정을 계속 적용하는가? 아니면 개정 저작권법 시행 당시 종전 저작권법에 의한 저작인접권 보호 기간이 경과되지 않았다면 개정 저작권법의 저작인접권 보호 기간을 적용하는가?

다만, 1957. 1. 28. 법률 제정된 저작권법(이하 '1957년 저작권법'이라고 함)에서는 음악 저작권과는 별개로 실연자 및 음반 제작자의 권리도 저작권으로 보호했기 때문에, 이러한 점까지 고려하여 이하에서는 실연자 및 음반 제작자의 권리에 관한 저작권법의 연혁을 통해 그 권리의 보호 기간이 언제까지인지에 관해 살펴보도록 하겠다.

1 1957년 저작권법에 의한 실연자 및 음반 제작자의 권리 보호 기간

1957년 저작권법은 저작인접권이라는 별도의 개념을 사용하지 않았다. 다만, 제2조에서 가창, 연주, 음반을 저작물로 보았고, 가수 및 연주자와 같은 실연자와 음반 제작자의 권리를 저작권으로서 보호했다. 이러한 1957년 저작권법에 따르면 실연자 및 음반 제작자의 권리는 저작권과 동일하게 저작자의 생존 동안 및 사후 30년간 존속하되(1957년 저작권법 제30조 제1항), 단체 명의로 된 저작물의 저작권은 발행 또는 공연한 날로부터 30년 동안 존속하며(1957년 저작권법 제33조), 한편 저작권의 기간을 계산할 때는 저작자가 사망한 해 또는 저작물을 발행 또는 공연한 때의 다음 해부터 기산한다고 규정하고 있었다.

2 1987년 저작권법에 의한 실연자 및 음반 제작자의 저작인접권 보호 기간

그 후 1986. 12. 31. 전면 개정되어 1987. 7. 1.부터 시행된 저작권법(이하 '1987년 저작권법' 이라 함)은 저작인접권에 관한 규정을 신설하면서, 그 보호 기간은 실연에 있어서는 그 실연을 한 때의 다음 해부터 기산하여 20년 동안, 음반에 있어서는 그 음을 맨 처음 그 음반에 고정한 때의 다음 해 부터 기산하여 20년 동안으로 정하였다(1987년 저작권법 제70조).

그러면서 부칙에서 종전의 규정에 의한 저작물로서 1957
년 저작권법 제2조의 규정에 의한 연주, 가창, 연출, 음반
또는 녹음필름은 종전의 규정에 의하며(1987년 저작권법 부칙 제
2조 제2항 제1호), 위 법 시행 이전에 공표된 저작물로서 위 법
시행일 1987. 7. 1.을 기준으로 저작권이 소멸하지 않은 저
작물에 대하여 종전의 규정에 의한 보호 기간이 1987년
저작권법에 의한 보호 기간 보다 긴 때에는 종전의 규정에
의하도록 정하였다(1987년 저작권법 부칙 제3조 제1호).

결국 1987. 7. 1. 이후에 공표된 음반의 경우에만 1987년
저작권법의 보호 기간이 적용되고, 그 전에 공표된 음반에
대한 권리의 보호 기간에 대하여는 여전히 1957년 저작권
법에 의하게 되었다.

3 1994년 저작권법에 의한 실연자 및 음반 제작자의 저작 인접권 보호 기간

1994. 1. 7. 개정되어 1994. 7. 1. 시행된 저작권법(이하 '1994
년 저작권법'이라 함)은 실연자의 저작인접권의 보호 기간을 그
실연을 한 때의 다음 해부터 기산하여 50년으로, 음반 제
작자의 저작인접권의 보호 기간을 음을 맨 처음 음반에
고정한 때의 다음 해부터 기산하여 50년으로 연장하였다
(1994년 저작권법 제70조).

그러나 부칙 제3조에서 '이 법 시행 전에 발생된 저작인접 권의 보호 기간은 종전의 규정에 의한다'고 정하여 1994 년 저작권법의 보호 기간은 결국 1994. 7. 1. 이후 실연 또는 녹음된 음반의 저작인접권에 대해서만 적용되었다.

4 2011년 저작권법에 의한 실연자 및 음반 제작자의 저작 인접권 보호 기간

2011. 12. 2. 개정되어 2013. 8. 1. 시행된 저작권법(이하 '2011 년 저작권법'이라 함)은 실연자의 저작인접권의 보호 기간을 그 실연을 한 때의 다음 해부터 기산하여 70년으로, 음반 제 작자의 저작인접권의 보호 기간을 음을 맨 처음 음반에 고정한 때의 다음 해부터 기산하여 70년으로 연장하였다 (2011년 저작권법 제86조).

그리고 2011년 저작권법에서는, 1987년 저작권법에 의해 우리 대중음악의 부흥기였던 1987. 7. 1. 이후부터 1994. 6.까지 발생한 저작인접권은 그 발생한 때의 다음 해부터 20년 동안만 인정되는 반면, 1994. 7. 1. 이후 발생한 저작 인접권은 그 발생한 때의 다음 해부터 50년 동안 보호를 받다 보니, 저작인접권의 발생 시기에 따라 그 보호 기간 이 상당한 차이를 보이게 되었다.

이에 저작인접권 보호의 공평성을 회복하고, 관련 국제조약 규정을 충실하게 이행하기 위하여 1987. 7. 1부터 1994. 6. 30. 사이에 발생한 저작인접권의 보호 기간을 발생한 때의 다음 해부터 기산하여 50년간 존속하도록 하는 부칙 규정을 신설하게 되었다.

이에 따라 1987. 7. 1부터 1994. 6. 30. 사이에 발생하여 2011년 저작권법 시행 당시 이미 그 보호 기간인 20년이 경과한 실연자의 권리와 음반 제작자의 권리도 다시 살아나서 1994. 7. 1. 이후 발생한 저작인접권과 동일하게 50년 동안 보호를 받을 수 있게 되었다.

PART

08

· · · · · · ·

음악의
공정이용

타인의 음악을 허락 없이 이용하면 원칙적으로 그의 저작권 및 저작인접권을 침해하는 것이다. 그러나 타인의 음악을 무단으로 이용해도 일정한 경우에는 저작권 침해가 되지 않는데, 그러한 경우를 바로 공정이용이라고 한다.

저작권법이 저작권 등을 보호하는 이유는 저작권 및 저작인접권의 보호를 통하여 궁극적으로는 문화 및 관련 산업의 향상을 도모하려는 것이기 때문에, 저작권 등은 저작권자 등의 개인적 이익과 문화 및 관련 산업의 향상이라는 사회적 이익의 비교 형량에 따라 제한될 수 있다. 저작권법은 이러한 비교 형량을 구체화하여 '저작재산권의 제한'이라는 제목 하에 공정이용에 관한 규정들을 명시적으로 두고 있다.

따라서 타인의 음악을 해당 권리자들의 허락 없이 이용할 때 그러한 이용이 공정이용에 관한 규정들 가운데 어느 것에 해당될 수 있는지 주의 깊게 살펴볼 필요가 있다. 그런데 공정이용은 기본적으로 저작권자 등의 권리를 제한하는 것이다 보니 실무에서는 공정이용에 해당되어 저작권 침해가 되지 않는 경우를 찾아보기가 쉽지 않다.

이러한 점을 감안하여, 타인의 음악의 이용한 것이 공정이용에 해당하는지 여부가 문제된 몇 가지 사례를 소개해 보도록 하겠다.

공표된 저작물의
인용 관련

일명 〈손담비 미쳤어〉 사건은 다섯 살 아이가 손담비의 〈미쳤어〉의 후렴구를 따라 부르는 것을 영상으로 촬영하여 이를 인터넷에 게재하는 것이 공표된 저작물의 인용에 해당하는지 여부가 다투어진 사건이다.

저작권법 제28조(공표된 저작물의 인용)에서는 '공표된 저작물은 보도·비평·교육·연구 등을 위하여는 정당한 범위 안에서 공정한 관행에 합치되게 이를 인용할 수 있다'라고 규정하고 있다. 여기서 '인용'이라 함은 타인이 자신의 사상이나 감정을 표현한 저작물을 그 표현 그대로 끌어다 쓰는 것을 말하지만, 인용을 하면서 약간의 수정이나 변경을 하였다고 하더라도 인용되는 저작물의 기본적 동일성에 변함이 없고 그 표현의 본질적 특성을 그대로 느낄 수 있다면 역시 인용에 해당한다.

저작권법 제28조는, 새로운 저작물을 작성하기 위하여 기존 저작물을 이용하여야 하는 경우가 많고, 그러한 경우에 기존 저작물의 인용이 널리 행해지고 있는 점을 고려하여 기존 저작물의 합리적 인용을 허용함으로써 문화 및 관련 산업의 향상 발전이라는 저작권법의 목적을 달성하려는 데 그 입법 취지가 있다.

이러한 입법 취지에 비추어, 저작권법 제28조에서 규정한 '보도·비평·교육·연구 등'은 인용 목적의 예시에 해당한다고 보는 것이 타당하므로, 인용이 창조적이고 생산적인 목적을 위한 것이라면 그것이 정당한 범위 안에서 공정한 관행에 합치되게 이루어지는 한 저작권법 제28조에 의하여 허용된다. 그리고 '정당한 범위 안에서 공정한 관행에 합치되게 인용'한 것인지 여부는 인용의 목적, 저작물의 성질, 인용된 내용과 분량, 피인용저작물을 수록한 방법과 형태, 독자의 일반적 관념, 원저작물에 대한 수요를 대체하는지 등을 종합적으로 고려하여 판단하여야 한다.[45]

한편, 법문은 '인용할 수 있다'고만 규정하고 있지만, 이는 소극적으로 타인의 저작물을 복제하여 그 용도대로 사용하는 데 그치지 않고, 적극적으로 자신이 저작하는 저작물 속에 타인의 저작물을 인용하여 이용할 수 있다는 취지이므로, 인용된 부분이 복제·배포되거나 공연·방송·공중송신·전송되는 것도 허용된다. 결국, 정당한 인용은

---

45) 대법원 2006. 2. 9. 선고 2005도7793 판결

복제권 뿐만 아니라 배포권·공연권·방송권·공중송신권·전송권 등 저작재산권 일반에 대한 제한 사유가 된다.

다만, 저작권법 제37조에서는 저작권법 제28조 등에 따라 저작권을 이용하는 자는 저작물의 이용 상황에 따라 합리적이라고 인정되는 방법으로 그 출처를 명시하도록 하고 있으므로, 타인의 저작물을 인용하는 경우에는 저작물의 이용 상황에 따라 합리적이라고 인정되는 방법으로 그 출처를 명시하여야 한다.

〈손담비 미쳤어〉 사건[46]

A는 다섯 살 된 자신의 딸이 의자에 앉아 손담비의 〈미쳤어〉를 부르면서 춤을 추는 장면을 촬영한 53초 분량의 동영상(이하 '이 사건 동영상'이라고 함)을 블로그에 게시하면서 이 사건 동영상을 B회사가 운영하는 비디오 사이트에 링크되도록 하였다.

이에 한국음악저작권협회는 B회사에 이 사건 동영상에 대한 복제·전송의 중단 조치를 요구하여 B회사가 이 사건 동영상의 게시를 임시로 중단하게 했다.

그 후 A는 B회사에 이 사건 동영상의 재게시 요청을 했지만 거부당했다. 그러자 A가 한국음악저작권협회와 B회사를 상대로 이 사건 동영상에 관한 복제 및 전송 중단으로 인해 입게 된 정신적 손해에 관한 배상을 청구한 사안

■ A의 행위가 손담비의 〈미쳤어〉를 복제·전송한 행위에 해당하
　는지 여부(O)

1) 복제 여부

A가 그의 딸이 〈미쳤어〉의 악곡과 가사의 일부를 가창하
는 것을 녹화하여 이 사건 동영상을 제작한 행위는 〈미쳤
어〉의 일부를 유형물에 고정한 것이다. 그리고 이를 동영
상으로 제작하여 B회사의 서버에 저장한 행위는 이미 유
형물로 고정된 것을 다시 유형물로 제작한 것이다.

그러므로 이들 행위는 모두 저작권법 제2조 제22호에서
정하고 있는 복제에 해당한다.

2) 전송 여부

이 사건 동영상을 인터넷 포털사이트에 있는 A의 블로그
에 게재함으로써 불특정 다수인으로 하여금 유선 또는 무
선통신의 방법에 의하여 개별적으로 선택한 시간·장소에
서 이 사건 동영상을 볼 수 있도록 하였으므로, A의 이러
한 행위는 저작권법상 전송에 해당한다.

---

46) 서울고등법원 2010. 10. 13. 선고 2010나35260 판결

① 〈미쳤어〉는 공표된 저작물이고,

② 이 사건 동영상은 미취학 연령으로 보이는 A의 딸이 가족여행을 하는 동안에 손담비의 춤을 흉내 내면서 〈미쳤어〉 가운데 일부를 불완전하게 가창하는 것을 녹화한 것인데, 이는 A가 손담비를 흉내 내는 A의 딸의 귀엽고 깜찍한 모습과 행동을 생동감 있게 표현한 것으로서 창작성 있는 저작물에 해당하며,

③ 이 사건 동영상의 제작 및 전송 경위에 비추어 이 사건 동영상이 영리를 목적으로 제작되거나 전송된 것은 아니라고 보이고,

④ 이 사건 동영상의 주된 내용은 A의 어린 딸이 귀엽고 깜찍하게 손담비의 춤 동작을 흉내 내는 것인데, 이를 위하여 〈미쳤어〉의 일부가 반주도 없이 불완전하게 노래하는 방법으로 인용되었으며,

⑤ 이와 같이 인용된 이 사건 저작물의 양은 전체 74마디 가운데 7~8마디에 불과하기 때문에 인용의 목적에 비추어 필요한 최소한도의 인용으로 보이고, 그나마도 음정, 박자, 가사를 상당히 부정확하게 노래한 것인데다가 녹화 당시

주변의 소음으로 인하여 약 53초 분량의 이 사건 동영상 가운데 초반부 약 15초 정도만 〈미쳤어〉를 부르고 있다는 것을 식별할 수 있으며,

따라서 일반 공중의 관념에 비추어 이 사건 동영상이 〈미쳤어〉가 주는 감흥을 그대로 전달한다거나 이 사건 저작물에 대한 시장의 수요를 대체한다거나 또는 이 사건 저작물의 가치를 훼손한다고 보기는 어렵고,

⑥ 대중가요와 같은 음악저작물의 경우에 일반적으로 작곡가나 작사가보다는 실연자의 이름으로 언급하여 그 출처를 표시하고 있는데, 이 사건 동영상도 〈손담비 미쳤어〉의 실연자를 언급함으로써 합리적인 방법으로 〈미쳤어〉의 출처를 명시하고 있는 점 등 제반 사정을 종합하면, 이 사건 동영상은 〈미쳤어〉의 일부를 정당한 범위 안에서 공정한 관행에 합치되게 인용하였음이 인정된다.

평 석

이 사건 동영상은 위와 같은 이유로 '공표된 저작물의 인용'에 해당하므로, 한국음악저작권협회의 저작권을 침해하는 것이 아닐 뿐만 아니라, 이 사건에서 A가 주장하지는 않았지만, A의 딸이 〈미쳤어〉를 가창한 것은 저작권법 제2조 제3호 소정의 공연에 해당하므로, 〈미쳤어〉에 관한 공연권의 침해 여부도 문제될 수가 있었지만, 이러한 가창 자체는 저작권법 제29조 제1항에 정한 '영리를 목적으로 하지 아니하는 공연'에 해당하여 결과적으로 공연권의 침해에 해당되지 않을 것으로 보인다.

· · · ·

공표된 저작물의 인용 여부가 다투어진 또 다른 음악 관련 사건으로는 일명 〈서태지와 아이들의 컴백홈〉 사건이 있다. 이 사건은 서태지와 아이들의 〈컴백홈〉을 패러디한 패러디물이 〈컴백홈〉의 2차적저작물인지 아니면 독립저작물인지 즉, 성공한 패러디인지 아니면 실패한 패러디인지가 문제되었다. 일반적으로 성공한 패러디는 독립저작물로서 저작권 침해가 되지 않는 반면, 실패한 패러디는 2차적저작물로서 저작권 침해에 해당한다.

여기서 간단히 패러디와 저작권 침해의 관계에 대해 살펴보면, 기존의 저작물에 풍자나 비평 등으로 새로운 창작적 노력을 부가함으로써 사회 전체적으로 유용한 이익을 가져다 줄 수 있는 점이나 저작권법 제25조에서 '공표된 저작물은 보도·비평·교육·연구 등을 위하여는 정당한 범위 안에서 공정한 관행에 합치되게 이를 인용할 수 있다'고 규정하고 있는 점 등에 비추어 이른바 패러디가 당해 저작물에 대한 자유 이용의 범주로서 허용될 여지가 있다는 것은 부인할 수 없다.

그러나 패러디는 우리 저작권법이 인정하고 있는 저작권자의 동일성유지권과 필연적으로 충돌할 수밖에 없는 이상 그러한 동일성유지권의 본질적인 부분을 침해하지 않는 범위 내에서 예외적으로만 허용되는 것으로 보아야 할 것이다. 이러한 관점에서 패러디로서 저작물의 변형적 이용이 허용되는 경우인지 여부는 저작권법 제25조 및 제13조 제2항의 규정 취지에 비추어, 원저작물에 대한 비평·풍자 여부, 원저작물의 이용 목적과 성격, 이용된 부분의 분량과 질, 이용된 방법과 형태, 소비자들의 일반적인 관념, 원저작물에 대한 시장 수요 내지 가치에 미치는 영향 등을 종합적으로 고려하여 신중하게 판단하여야 할 것이다.[47]

이러한 점을 참작하여 〈서태지와 아이들의 컴백홈〉 사건에 관해 살펴보도록 하겠다.

〈서태지와 아이들 컴백홈〉 사건[48]

A 등은 서태지가 작사·작곡한 서태지와 아이들의 〈컴백홈〉의 가사를 변형함과 동시에 〈컴백홈〉의 악곡과는 음정과 박자를 일부 달리 하는 노래를 음반에 포함시켜 제작·판매하였다.

한편, 이러한 음반과는 별개로 개사곡을 담아 뮤직비디오를 제작했다.

그 뮤직비디오는 A가 〈컴백홈〉의 뮤직비디오에서의 서태지와 비슷한 모습으로 출연하면서 일부 장면만 변형되고 대부분의 내용이 〈컴백홈〉의 뮤직비디오와 비슷한 내용이다.

A 등은 이를 인터넷과 방송 등을 통하여 방송·전송하였다.

이에 서태지가 A 등을 상대로 자신의 저작권 침해를 이유로 A 등의 음반 등에 관한 판매금지가처분 등을 신청한 사안

---

47) 서울지방법원 2001. 11. 1. 자 2001카합1837 결정
48) 서울지방법원 2001. 11. 1. 자 2001카합1837 결정

■ 서태지의 저작재산권 침해 여부(X)

서태지의 주장

A 등이 서태지에게 사용 허락을 받지 않은 채 〈컴백홈〉을 음반과 뮤직비디오에 삽입하고, 그러한 음반과 뮤직비디오를 판매·공연·방송·전시함으로써 서태지의 저작재산권인 복제권, 배포권 및 공연권 등을 침해하였다.

법원의 판단

서태지는 〈컴백홈〉을 창작한 후에 이에 대한 저작재산권을 저작권 신탁 계약에 따라 한국음악저작권협회에 신탁적으로 양도한 사실을 알 수 있으므로, 〈컴백홈〉에 대한 저작재산권은 사단법인 한국음악저작권협회에게 귀속되었다고 할 것이고, 이와 달리 여전히 서태지에게 저작재산권이 유보되어 있다는 점에 대한 아무런 소명이 없다.

한편, 뮤직비디오는 하나의 영상저작물로서 감독·연출 등을 담당하여 이를 제작한 자에게 저작권이 귀속된다고 할 것인데, 서태지는 〈컴백홈〉의 원래 뮤직비디오에 출연하였음을 인정할 수 있을 뿐, 서태지가 위 뮤직비디오의 저작권자라고 보기는 어렵다.

또한 위 뮤직비디오의 제작에 사용된 이 사건 원곡의 저작
재산권은 앞서 본 바와 같이 한국음악저작권협회에게 신
탁적으로 양도되었다고 할 것이다.

따라서 서태지가 〈컴백홈〉 및 뮤직비디오의 저작재산권자
임을 전제로 하는 서태지의 위 주장은 모두 이유 없다.

■ 서태지의 저작인격권 침해 여부

1) 성명표시권 침해 여부(X)

 서태지의 주장

A 등이 서태지의 〈컴백홈〉을 그대로 이용하여 음반과 뮤
직비디오를 제작했으면서도 이를 판매함에 있어 〈컴백홈〉
의 저작자가 서태지라는 것을 전혀 표시하지 않았으므로
이는 서태지의 성명표시권을 침해한 것이다.

 법원의 판단

저작물을 이용하는 자는 그 저작자의 특별한 의사 표시가
없는 때에는 저작자가 그의 실명 또는 이명(異名)을 표시한
바에 따라 이를 표시하면 된다고 할 것이다. 다만 저작물
이용의 목적 및 태양에 비추어 저작자가 창작자인 것을 주

장하는 이익을 해칠 염려가 없고, 성명 표시의 생략이 공정한 관행에 합치하는 경우에는 저작자의 동의 없이 저작자명의 표시를 생략할 수 있다고 보아야 할 것이다.

이 사건 신청이 제기된 후 A 등이 음반에 〈컴백홈〉의 작사·작곡자가 서태지라는 것을 표시하여 음반을 제작·판매하고 있으므로, 더 이상 서태지의 성명표시권을 침해할 것으로 보이지는 않는다.

한편 뮤직비디오 부분에 관하여는, 뮤직비디오를 제작한 자에게 그 저작재산권이 있다고 할 것인데, A 등이 위 뮤직비디오의 제작자라고 단정하기 어려우므로 A 등을 상대로 성명표시권의 침해를 이유로 이 사건 가처분을 구할 권리를 쉽사리 인정하기 어렵다. 게다가 서태지가 출연한 원래의 뮤직비디오를 보더라도 그것에 서태지가 이 사건 원곡의 작사·작곡자라는 것이 표시되어 있지 않고, 뮤직비디오의 제작 관행상 해당 노래의 저작자명을 구체적으로 표시한다고 보기도 어렵기 때문에, A 등이 뮤직비디오에 서태지가 저작자임을 표시하지 않았다고 하여 서태지의 성명표시권을 침해한 것이라고 단정하기는 어렵다 할 것이다.

2) 동일성유지권 침해 여부(O)

a) 원칙적 침해 여부

누구든지 저작물을 이용함에 있어 그 저작물의 내용, 형식 및 제호(題號)에 대하여 무단 변경, 삭제, 개변 등을 함으로써 저작인격권자의 동일성유지권을 침해하여서는 안된다.

A 등이 서태지의 〈컴백홈〉의 가사와 곡을 임의로 변형한 노래를 녹음하여 음반을 제작·판매하고, 또한 그러한 노래를 담은 뮤직비디오를 인터넷 등을 통하여 방송·전시하고 있기 때문에, A 등은 특별한 사정이 없는 한 위와 같은 행위로써 이 사건 원곡에 대한 신청인의 동일성유지권을 침해하였다 할 것이다.

그러나 뮤직비디오 부분에 관하여는 서태지가 원래의 뮤직비디오에 대한 저작권자임을 인정하기 어려운 이상, 위와 같이 동일성유지권 침해라고 판단되는 〈컴백홈〉에 관한 부분을 제외하면 서태지가 뮤직비디오의 저작권자임을 전제로 뮤직비디오에 관한 동일성유지권이 침해되었다는 서태지의 주장은 더 나아가 살필 필요 없이 이유 없다.

b) 패러디 주장에 대한 판단(공표된 저작물의 인용 여부)

 A 등의 반박

개사곡은 서태지의 〈컴백홈〉에 담긴 진지한 고민을 풍자하고 희화화함으로써 대중들에게 비평이나 새로운 웃음을 선사한 것으로서 이른바 패러디에 해당하므로, 이러한 저작물의 일부 변형은 정당한 이용으로 허용되어야 한다.

 법원의 판단

A 등이 〈컴백홈〉에 추가하거나 변경한 가사의 내용 및 그 사용된 어휘의 의미, 추가·변경된 가사 내용과 원래의 가사 내용의 관계, 개사곡에 나타난 음정, 박자 및 전체적인 곡의 흐름 등에 비추어 A 등의 개사곡은 서태지의 〈컴백홈〉에 나타난 독특한 음악적 특징을 흉내 내어 단순히 웃음을 자아내는 정도에 그치는 것일 뿐 서태지의 〈컴백홈〉에 대한 비평적 내용을 부가하여 새로운 가치를 창출한 것으로 보이지 않는다.

A 등은 자신들의 노래에 음치가 놀림 받는 우리 사회의 현실을 비판하고, 대중적으로 우상화 되어 있는 서태지도 한 인간에 불과하다는 등의 비평과 풍자가 담겨 있다고 주장하지만, 패러디로서 보호되는 것은 당해 저작물에 대한 비

평이나 풍자인 경우라 할 것이고 당해 저작물이 아닌 사회 현실에 대한 것까지 패러디로서 허용된다고 보기 어려우며, 개사곡에 나타난 위와 같은 제반 사정들에 비추어 개사곡에 A 등의 주장과 같은 비평과 풍자가 담겨 있다고 보기도 어렵다.

A 등이 상업적인 목적으로 〈컴백홈〉을 이용하였으며, 개사곡이 서태지의 〈컴백홈〉을 인용한 정도가 A 등이 패러디로서 의도하는 바를 넘는 것으로 보이고, 개사곡으로 인하여 서태지의 〈컴백홈〉에 대한 사회적 가치의 저하나 잠재적 수요의 하락이 전혀 없다고는 보기 어려운 점 등 여러 사정들을 종합하여 보면, 결국 A 등의 개사곡은 패러디로서 보호 받을 수 없는 것이라 하겠다.

3) 인격권 침해 여부(X)

 서태지의 주장

A 등이 뮤직비디오에서 서태지의 모습을 흉내 내면서 입에 밴드를 붙이거나 변기에 앉아 추한 행위를 하는 장면 등을 연출함으로써 서태지의 인격을 훼손하였다.

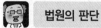 **법원의 판단**

A 등의 뮤직비디오는 기본적으로 서태지가 출연한 원래의 뮤직비디오를 본따 만든 것이다. 따라서 서태지가 주장하는 위와 같은 장면들은 서태지가 뮤직비디오의 연기자로서 연출한 모습에 대하여 변형을 가한 것이기 때문에 서태지의 실제 삶이나 모습을 직접적인 대상으로 한 것이라고 보기 어렵다.

그러므로 A 등의 행위가 서태지의 주관적인 감정을 손상시켰는지는 별론으로 하고, 그로 인하여 서태지의 인격권이 침해되었다고 단정하기는 곤란하고, 또한 A 등에게 서태지의 인격을 훼손하려는 의사가 있었다고 보기도 어렵다.

평 석

이 사건 당시 〈컴백홈〉은 한국음악저작권협회에서 신탁 관리하고 있었기 때문에 서태지는 이 사건에서 저작재산권 침해를 주장할 수가 없었다. 따라서 A 등의 개사곡이 〈컴백홈〉에 대해 가지는 서태지의 2차적저작물작성권을 침해한 것인지 여부에 대해서는 아예 다루어지지도 않았다.

다만, 서태지는 〈컴백홈〉의 저작자로서 저작인격권을 가지고 있었기 때문에, 성명표시권과 동일성유지권 침해에 대해서는 이를 주장할 수 있었다.

성명표시권 침해와 관련해서는 이 사건 신청 이후 서태지의 예명을 표시하는 방법으로 성명 표시를 했다는 등의 이유로 그 침해를 인정하지 않았다.

동일성유지권 침해와 관련해서는 A 등이 패러디로서 공표된 저작물의 인용을 주장했지만, 법원에서는 이를 인정하지 않음으로써 결국 A 등의 동일성유지권 침해를 인정했다. 즉, 법원은 A 등의 개사곡은 실패한 패러디로서 〈컴백홈〉의 2차적저작물에 해당한다고 본 것이다.

121

사적 이용을 위한
복제 관련

저작권법 제30조(사적 이용을 위한 복제)에서는 '공표된 저작물
을 영리를 목적으로 하지 아니하고 개인적으로 이용하거나
가정 및 이에 준하는 한정된 범위 안에서 이용하는 경우
에는 그 이용자는 이를 복제할 수 있다. 다만, 공중의 사
용에 제공하기 위하여 설치된 복사기기에 의한 복제는 그
러하지 아니하다' 라고 규정하고 있다.

따라서 저작물의 이용자가 타인의 저작물을 사적으로 이
용하는 경우에는 저작권 침해가 아니게 된다. 이와 관련하
여 다음에 살펴볼 〈노래방 녹음 서비스〉 사건은 이용자들
로 하여금 노래반주기에 녹음하게 한 후 이를 휴대용 저장
장치에 저장할 수 있게 하거나 해당 노래반주기 제작업자
의 인터넷 사이트로 등에서 다운로드 등의 서비스를 제공
하는 것이 과연 사적 이용을 위한 것이어서 저작권 침해에
해당하지 않는지 여부가 문제된 사안이었다.

〈노래방 녹음 서비스〉 사건[49]

노래반주기 제조 회사인 A회사는 노래방에서 이용자들이 A
회사가 제조한 노래반주기의 반주에 따라 노래를 부르면서 음
악의 반주곡과 가창을 노래반주기에 디지털압축파일(이하 '녹
음 파일'이라고 함)로 저장하였다가 이를 그 노래의 USB 포트를
통해 휴대용 저장 장치에 저장할 수 있도록 하고 있다.

또한 A회사는 이용자들로 하여금 이러한 녹음 파일을 인터넷
사이트 또는 제휴 사이트에서 다운로드 받을 수 있도록 하고
있고, 벨소리 서비스나 미니 홈피 배경 음악 서비스 등과 같은
부가서비스에 이용할 수 있도록 하고 있다.

이에 위 음악 관련된 저작권자인 B가 A회사를 상대로 저작권
침해에 따른 손해배상 등을 청구한 사안

■ 노래방 이용자로 하여금 이용자가 가창한 B의 노래를 노래반
  주기 USB 포트를 통해 휴대용 저장 장치에 저장할 수 있도록
  하는 것이 B의 저작권 침해에 해당하는지 여부(X)

위와 같은 것은 이용자의 행위에 의한 것이므로, A회사가
이러한 녹음 파일의 저장 행위로 B의 음악에 관한 B의 저
작권을 침해하였다고 볼 수는 없다.

---

49) 대법원 2015. 4. 9. 선고 2012다109798 판결

■ 노래방 이용자가 가창한 노래를 인터넷 사이트나 제휴 사이트
에서 다운로드를 받을 수 있게 하는 등의 서비스 제공이 B의
저작권을 침해하는 것인지 아니면 사적 이용을 위한 복제에 해
당하여 B의 저작권을 침해하지 않는 것인지 여부(O)

 2심법원의 판단 : 사적 이용을 위한 복제 (O)

A회사가 서버의 보조 기억 장치에 녹음 파일을 고정·저장
하는 행위, 그 녹음 파일을 C회사의 인터넷 사이트로 송
신하는 행위, 이를 다시 인터넷을 통하여 이용자들에게 송
신하는 행위는 노래반주기 이용자들이 오로지 자신의 녹
음 파일을 다운로드하는 과정에서만 일어나는 현상이고,
A회사나 C회사는 녹음 파일을 다운로드하는 이용자들에
게 서버 등을 단순히 제공하는 것에 불과하므로, 위와 같
은 행위들은 모두 '공표된 저작물을 영리 목적 없이 개인
적 이용 등 한정된 범위 내에서만 이용'하는 사적 이용 행
위에 해당한다.

따라서 A회사와 C회사의 이러한 녹음 파일 저장 및 다운
로드 서비스 제공 행위가 B의 저작권을 침해하는 것은 아
니다.

대법원의 판단 : 사적 이용을 위한 복제 (X)

① 이용자가 노래반주기에서 녹음 파일을 작성한 다음 C 회사의 인터넷 사이트나 제휴 사이트에서 이를 다운로드하는 것, 그리고 벨소리 서비스나 미니 홈피 배경 음악 서비스 등과 같은 부가서비스에 이용하기까지는, A회사의 서버가 노래반주기로부터 B의 음악의 녹음 파일을 수신하여 저장하는 단계, 이용자가 C회사의 인터넷 사이트나 제휴 사이트를 통하여 A회사의 서버에 접속하여 그로부터 녹음 파일을 직접 다운로드하여 컴퓨터 등에 저장하거나, 이용자의 선택에 따라 C회사의 서버 등이 A회사의 서버로부터 위 녹음 파일을 수신·저장하거나 각종 부가서비스에 이용하는 단계 등을 거치게 되는데, 이러한 과정에서 각 서버나 이용자의 컴퓨터 등에 녹음 파일을 저장하는 것은 각각 녹음 파일의 복제에 해당한다.

② A회사의 서버에 녹음 파일이 저장되는 것은 이용자들의 요청에 의한 것이고 그 녹음 파일은 본인 확인 절차 등 때문에 이용자 본인만 다운로드하거나 이용할 수 있기는 하지만, 이용자들은 그 녹음 파일을 관리할 권한이 없고 C회사의 인터넷 사이트나 제휴 사이트에서 정한 방법으로 녹음 파일을 이용할 권한만 부여받은 것으로 보인다.

③ A회사가 녹음 파일 저장 서비스 등을 제공하는 것은 A회사의 노래반주기 판매를 위한 측면이 있는데다가, 이용자들이 C회사의 인터넷 사이트에서 녹음 파일을 무료로 다운로드할 수 있다고는 하지만, 휴대전화 벨소리 등은 유료로 제공되며, 제휴 사이트에서는 다운로드와 부가서비스 등이 유료로 제공되고 그로 인하여 발생한 수익 가운데 일부는 C회사에게 분배되므로, A회사 및 C회사가 영리를 목적으로 위와 같은 녹음 파일 저장 및 다운로드 서비스 등을 제공하는 것이 아니라고 보기는 어렵다.

④ 위와 같은 녹음 파일의 저장 및 다운로드 서비스는 불특정 다수 이용자를 상대로 제공되는 것이다.

이러한 점 등을 고려하면, A회사와 C회사의 위와 같은 녹음 파일 저장 및 다운로드 서비스 제공이 저작권법 제30조에서 규정하고 있는 '사적 이용을 위한 복제'에 해당하거나 이용자의 사적 이용을 위한 복제에 A회사 및 C회사가 단순히 서버를 제공하는 것에 불과하다고 볼 수는 없다.

노래방에서 이용자들이 노래반주기에 녹음된 자신의 가창 녹음 파일을 노래반주기에 있는 USB 포트를 통해 휴대용 저장 장치에 저장하는 것은 이용자의 행위에 불과하므로, 이는 사적 이용을 위한 복제로서 음악저작권자의 저작권 침해에 해당하지 않는다.

그러나 이런 정도에 그치지 않고, C회사가 인터넷 사이트 등을 통해 이용자들에게 녹음 파일을 다운로드 받게 하거나 그 녹음 파일을 휴대전화 벨소리 등으로 이용할 수 있도록 하는 것은 사적 범위를 넘어서는 것이어서 사적 이용을 위한 복제에 해당한다고 볼 수 없으므로, 이러한 음악 복제 및 전송 행위는 음악저작권자의 저작권을 침해하는 행위에 해당하게 된다.